Das Beste aus der Böhmischen Küche

Das Beste aus der
Böhmischen Küche

von Susanne Rohner

DÖRFLER · VERLAG

Bildnachweis:

Die Fotos auf den Seiten 1, 8, 14, 22, 38, 46, 52, 58, 65, 70 und 80 stammen aus dem Buch „Historische Ansichten vom Sudetenland", ISBN 978-3-89555-234-2. Wir danken dem Autor, Herrn Heinz Csallner, für die Überlassung der Bilder.

Umschlaggestaltung und Federzeichnungen: Thomas Glaser, Bühl/Baden, www.tompaint.de

Alle Angaben, Rezepte und Ratschläge in diesem Buch sind von Autorin, Redaktion und Verlag sorgfältig erwogen und geprüft, dennoch kann eine Garantie nicht übernommen werden. Eine Haftung der Autorin, der Redaktion bzw. des Verlages und seiner Beauftragten für Personen-, Sach- und Vermögensschäden ist ausgeschlossen.

Im Internet finden Sie unser Verlagsprogramm unter:
www.doerfler-verlag.de

Inhalt

Vorwort	*6*
Suppen	*8*
Kleine Gerichte	*16*
Fleisch	*22*
Geflügel und Wild	*38*
Fisch	*46*
Knödel	*52*
Beilagen und Gemüse	*58*
Süßspeisen	*70*
Gebäck, Kuchen und Torten	*80*
Register	*95*

Vorwort

Liebe Leserin, lieber Leser, liebe Freunde der Kochkunst!

Die böhmische Küche ist zwar nicht die erste Wahl für Vegetarier und Kalorienbewusste, doch sie ist so vielfältig, dass sie für jeden Gaumen etwas bietet. Mag es die Knoblauchsuppe, der traditionelle Schweinebraten mit Knödel und Sauerkraut sein, der luftige Palatschinken oder der fruchtige Apfelstrudel. Unzählige kleine Gerichte vom Topinky bis zu den Ertrunkenen bereichern zudem den Speiseplan.

Die böhmischen Koch- und Essgewohnheiten haben sich in letzter Zeit zwar zugunsten einer gesünderen Lebensweise ein wenig verändert, doch die traditionellen Gerichte – kalorienreich, fettig und sehr zuckerhaltig – erfreuen sich noch immer großer Beliebtheit. Soßen und Gewürze spielen ebenfalls eine wichtige Rolle in böhmischen Kochtöpfen, allen voran der Knoblauch, gefolgt von Dill, Kümmel und Petersilie.

Gut befreundet ist die traditionelle böhmische Küche mit der fränkischen und der bayerischen, verwandt jedoch eindeutig mit der österreichischen. So findet man auch dort den Apfelstrudel, den Germknödel oder die Schinken- und Krautfleckerl.

Doch dieses Buch ist nicht nur ein Kochbuch. Es lädt vielmehr zu einer Koch- und Kulturreise durch Böhmen ein. Denn das böhmische Kulturgut hat ebenso viel zu bieten wie die Kochkunst.

Mit Böhmen verbindet man das Kunsthandwerk wie die Glaskunst. So schreibt Dr. Edmund Schebek in seinem 1878 erschienenen Buch „Böhmens Glasindustrie und Glashandel“: „Nichts Anderes hat den Namen Böhmens so weit in die Welt getragen wie sein Glas.“

Zu Böhmen gehört auch der Aberglaube, wie unzählige Bräuche belegen, die teils heute noch gepflegt werden. Ebenso sind Sagen und Märchen in Böhmen heimisch. Zu den berühmtesten gehört zweifellos der Mythos der Prinzessin Libussa, die als Gründerin von Prag und Ahnherrin der Premysliden gilt, und auch Rübezahl, der Berggeist des Riesengebirges, ist Groß und Klein bekannt.

Und dann gibt es noch Musik, Tanz und Gesang. Nicht umsonst heißt es: „Aus Böhmen kommt die Musik …“ Wer hat nicht schon einmal eine Polka getanzt, wer kennt nicht den Furiant, den böhmischen Nationaltanz, dem sich unter anderem Bedřich Smetana in seiner Oper „Die verkaufte Braut“ und Antonín Dvořák mit seinen „Zwei Furanten“ widmeten.

Viel Vergnügen also beim Schmökern und gutes Gelingen beim Nachkochen der böhmischen Köstlichkeiten!

Ihre Susanne Rohner

Alle Gerichte sind für vier Personen angelegt, falls nichts anderes angegeben ist.

Suppen

Kartoffelsuppe mit Waldpilzen (6 Portionen)

1 Handvoll getrocknete Waldpilze
600 g Kartoffeln
200 g Suppengrün
1 kleine Zwiebel
60 g Butter
2 EL Mehl
2 Knoblauchzehen, gehackt
1 TL Paprikapulver, edelsüß
Salz
Majoran, gehackt
Petersilie, gehackt

Die Pilze in warmem Wasser einweichen. Die Kartoffeln schälen und in Würfel schneiden. Das Suppengrün putzen und klein schneiden. Die Zwiebel abziehen und würfeln. Den Knoblauch abziehen und fein hacken.
Aus Butter und Mehl in einem großen Topf eine Mehlschwitze bereiten. Nach und nach unter ständigem Rühren 2 l Wasser angießen. Kartoffeln, Gemüse, Pilze mit dem Einweichwasser, Knoblauch und Paprikapulver unterrühren. Alles etwa 20 Minuten köcheln lassen. Evtl. mit Salz abschmecken.
Die Kartoffelsuppe vor dem Servieren mit Petersilie und Majoran bestreuen.

Knoblauchsuppe

300 g Kartoffeln
1 TL Salz
½ TL Kümmel
6 Knoblauchzehen
100 g Brot
50 g Schmalz

Die Kartoffeln schälen und würfeln. 1½ l Wasser, das Salz, den Kümmel und die Kartoffeln in einen Topf geben, zum Kochen bringen und die Kartoffeln etwa 20 Minuten garen.
Die Knoblauchzehen abziehen, durch die Presse drücken und mit etwas Salz vermischen.
Das Brot in kleine Würfel schneiden. Das Schmalz in einer Pfanne erhitzen und die Brotwürfel darin goldbraun rösten. Das Röstbrot und den Knoblauch auf 4 Teller verteilen und die Suppe darübergeben.

Rinderbrühe mit Leberknödel

Für die Suppe:
500 g Rindfleisch (Querrippe oder Brust)
250 g Suppenknochen
Salz
1 Bund Suppengrün
1 Zwiebel
1 EL Petersilie

Für die Leberknödel:
200 g Schweineleber
Salz
Pfeffer
Majoran
1 kleine Zwiebel
2 Knoblauchzehen
20 g Butter
1 Ei
5 EL Semmelbrösel

Fleisch und Knochen waschen. In 2 l Wasser mit etwas Salz zum Kochen bringen und eine Stunde köcheln lassen. Inzwischen das Suppengrün putzen und klein schneiden. Die Zwiebel abziehen und fein würfeln.

Den Schaum abschöpfen. Die Zwiebel und das Suppengrün zum Fleisch geben und das Ganze weitere 1–1½ Stunden köcheln lassen. Die Knochen und das Fleisch herausnehmen, die Suppe durch ein Sieb gießen und auffangen.

Die Leber durch den Fleischwolf drehen. Mit Salz, Pfeffer und etwas Majoran würzen. Zwiebel und Knoblauchzehen abziehen und fein hacken.

Die Butter in einer Pfanne zerlassen und mit Zwiebel, Knoblauch, Ei und Semmelbröseln unter die Leber kneten. Aus der Masse kleine Knödel formen und etwa 20 Minuten in der Fleischbrühe garen.

Die Suppe kann auch mit anderen Einlagen verfeinert werden wie Fleckerl (Rezept Seite 59) oder in Streifen geschnittene Palatschinken (Rezept Seite 73). Als Beilage kann man Griebenplätzchen (Rezept Seite 21) servieren.

Sauerkrautsuppe

40 g durchwachsener Speck
1 Zwiebel
2 große Kartoffeln
250 g Sauerkraut
Salz
Kümmel
Paprikapulver, edelsüß
2 EL Mehl
200 g Mettwürstchen
3 EL saure Sahne

Den Speck in Würfel schneiden und in einer Pfanne auslassen. Die Zwiebel abziehen, fein würfeln, zum Speck geben und glasig dünsten.
Die Kartoffeln schälen und in Würfel schneiden.
Kartoffeln, Speck, Zwiebel und Sauerkraut in einem Liter Wasser zum Kochen bringen. Mit Salz, Kümmel und Paprikapulver abschmecken. Die Suppe etwa 30 Minuten köcheln lassen.
Das Mehl mit etwas kaltem Wasser verrühren und die Suppe damit binden. Noch einmal abschmecken.
Die Mettwürstchen in Scheiben schneiden und zur Suppe geben. Die saure Sahne unter die nicht mehr kochende Suppe rühren.

Kuttelsuppe

250 g Kutteln
1 Zwiebel
1 Bund Suppengrün
1 Knoblauchzehe
Salz
Majoran
Ingwer
100 g Kasseler
30 g Butter
1 EL Mehl
Petersilie, gehackt

Die Kutteln gründlich waschen, überbrühen und abgießen. Die Zwiebel abziehen und würfeln. Das Suppengrün putzen und klein schneiden. Die Knoblauchzehe abziehen und fein hacken.
Kutteln, Zwiebel, Suppengrün und Knoblauch in 2 l Wasser zum Kochen bringen. Mit den Gewürzen abschmecken und alles 2 Stunden köcheln lassen.
Die Kutteln aus dem Topf nehmen und mit dem Kasseler klein schneiden. Aus Butter und Mehl eine Mehlschwitze bereiten, unter die Suppe rühren und 10 Minuten köcheln lassen.
Kutteln und Kasseler zufügen, aufkochen und die Suppe mit Petersilie bestreut servieren.

Selleriesuppe

500 g Knollensellerie
2 EL Schmalz
2 EL Mehl
1 l Gemüsebrühe
Salz
weißer Pfeffer
2 Eigelbe
125 g Sahne
4 Scheiben Weißbrot
1 EL Butter
2 EL Schnittlauchröllchen

Die Sellerieknolle putzen, waschen und in kleine Würfel schneiden. Das Schmalz in einem Topf erhitzen. Die Selleriewürfel 10 Minuten darin dünsten. Mit dem Mehl bestäuben und die Brühe angießen. Mit Salz und Pfeffer abschmecken und die Suppe 30 Minuten köcheln lassen.
Die Eigelbe mit der Sahne verquirlen und die nicht mehr kochende Suppe damit binden. Das Weißbrot würfeln. Die Butter in einer Pfanne zerlassen und die Brotwürfel darin rösten.
Die Selleriesuppe mit gerösteten Weißbrotwürfeln und Schnittlauchröllchen garnieren.

Blumenkohlsuppe

1 Blumenkohl
1 Zwiebel
4 Kartoffeln
2 Karotten
Salz
weißer Pfeffer
Muskatnuss
30 g Butter
1 EL Mehl

Den Blumenkohl putzen, waschen und in mundgerechte Stücke schneiden. Die Zwiebel abziehen und klein hacken. Die Kartoffeln schälen und in Würfel schneiden. Die Karotten schälen und würfeln.
Blumenkohl, Zwiebel, Kartoffeln und Karotten in einen großen Topf geben und so viel Wasser zufügen, dass das Gemüse bedeckt ist. Die Suppe zum Kochen bringen, mit Salz, Pfeffer und Muskatnuss würzen und das Gemüse 20 Minuten garen.
Aus Butter und Mehl eine Mehlschwitze bereiten. Die Suppe damit binden und evtl. nochmals abschmecken.

Milchsuppe mit Nudeln

Für die Nudeln:
100 g Mehl
1 Ei
½ TL Salz

Für die Suppe:
600 ml Milch
Salz

Mehl, Ei und Salz zu einem festen Nudelteig verkneten. Evtl. etwas mehr Mehl zugeben.
Den Teig mit einer großen Reibe zu spätzleähnlichen Nudeln reiben. Dabei darauf achten, dass die Nudeln nicht zusammenkleben. Die Nudeln locker auf einem Küchentuch ausbreiten und ein wenig trocknen lassen.
Die Milch mit 300 ml Wasser und etwas Salz zum Kochen bringen. Die Nudeln zufügen und in wenigen Minuten weich kochen.

Früher wurde die Milchsuppe, eine preiswerte und nahrhafte Speise, vor allem in Familien gekocht, bei denen das Geld knapp war. Im Gegensatz zu vielen anderen Gerichten, die aus der Not geboren werden, erfreut sich die Suppe, insbesondere bei Kindern, großer Beliebtheit.

A
STIFTER
DICHTER

Böhmerwaldlied (Andreas Hartauer)

1. Tief drin im Böhmerwald,
da liegt mein Heimatort.
Es ist gar lang schon her,
dass ich von dort bin fort.
Doch die Erinnerung,
die bleibt mir stets gewiss,
dass ich den Böhmerwald
gar nie vergiss.

|: Es war im Böhmerwald,
wo meine Wiege stand,
im schönen grünen Böhmer-
wald.

2. Oh sel'ge Kinderzeit,
kehr einmal noch zurück.
Wo spielend ich genoss
das allerhöchste Glück.
Wo ich am Vaterhaus
auf grüner Wiese stand
und weithin schaute
auf mein Vaterland.

|: Es war im Böhmerwald,
wo meine Wiege stand,
im schönen grünen Böhmer-
wald.

3. Nur einmal noch, oh Herr,
lass mich die Heimat sehn.
Den schönen Böhmerwald,
die Täler und die Höhn.
Dann kehr ich gern zurück
und rufe freudig aus:
Behüt dich, Böhmerwald,
ich bleib zu Haus.

|: Es war im Böhmerwald,
wo meine Wiege stand,
im schönen grünen Böhmer-
wald.

Kleine Gerichte

Topinky (2 Portionen)

2 EL Schmalz
Salz
4 Scheiben Schwarzbrot
2 Knoblauchzehen

Das Schmalz in einer großen Pfanne erhitzen und leicht salzen. Die Brotscheiben zufügen und von beiden Seiten knusprig braun rösten.
Die Knoblauchzehen abziehen und halbieren.
Das Brot aus der Pfanne nehmen und noch heiß mit dem Knoblauch einreiben. Evtl. nachsalzen.

Topinky gehört zur böhmischen Küche wie der Knödel. Die knusprig gebratenen Brotscheiben können mit verschiedenen Aufstrichen wie Tatar oder Leberwurst verfeinert werden. Anstelle des Schwarzbrotes kann man auch Bauernbrot verwenden.

Saure Linsen

300 g Linsen
2 EL Schmalz
Salz
Pfeffer
Essig oder Zitronensaft

Die Linsen in reichlich Wasser 2-3 Stunden einweichen. Mit dem Einweichwasser in einen Topf geben und etwa 45 Minuten köcheln lassen.
Das Wasser abgießen. Das Schmalz unter die Linsen rühren. Mit Salz, Pfeffer und Essig oder Zitronensaft säuerlich abschmecken.

In Böhmen serviert man zu diesem Gericht Wiener Würstchen oder Kasseler, Spiegelei und saure Gurken.

Gefüllte Eier in Mayonnaise

Für die Mayonnaise:
1 Eigelb
½ TL Senf
Salz
⅛ l Öl
1 EL Zitronensaft
Pfeffer
Zucker

4 Eier
2 Sardellen
50 g weiche Butter

Eigelb, Senf und etwas Salz verrühren. Die Hälfte des Öls tropfenweise untermischen. Das restliche Öl abwechselnd mit dem Zitronensaft unterziehen.
Die Eier hart kochen, abschrecken, abkühlen lassen und schälen. Die Spitzen abschneiden, das Eigelb herauslösen und fein hacken. Die Sardellen klein schneiden.
Die Butter schaumig schlagen. Sardellen und Eigelbe mit der Butter verrühren und die Masse in die Eier füllen. Die Spitzen wieder aufsetzen.
Die Eier in die Mayonnaise setzen und servieren.

Falls die Mayonnaise gerinnt, gibt man noch ein Eigelb oder etwas Senf dazu. Soll die Mayonnaise leichter sein, kann man das Öl durch Joghurt oder saure Sahne ersetzen.

Ertrunkene

Salz
1 TL Pfefferkörner
½ TL Pimentkörner
1 Lorbeerblatt
300 ml Essig
150 ml Öl
500 g Knackwürste
3 Zwiebeln
1 Salatgurke

Einen Liter Wasser mit reichlich Salz, den Pfeffer- und Pimentkörnern sowie dem Lorbeerblatt zum Kochen bringen. Essig und Öl unterziehen und den Sud etwas abkühlen lassen.
Die Würste pellen und in dicke Scheiben schneiden. Die Zwiebeln abziehen und in Ringe schneiden, Die Gurke schälen und in Scheibchen schneiden. Wurst, Zwiebeln und Gurkenscheiben in ein großes oder zwei kleine Einmachgläser schichten. Die heiße Marinade zufügen, die Gläser verschließen und die Ertrunkenen 4 Tage ziehen lassen.

„Utopenci", „Ertrunkene", sind ein typisches Kneipengericht. Sie werden mit (Butter-)Brot oder ohne Beilage gegessen. Gelegentlich findet man auf der Speisekarte anstelle der Ertrunkenen auch die Wasserleichen ...

Wurstsalat

4 Eier
1 Zwiebel
4 feste Tomaten
400 g Fleischwurst
4 EL Weißweinessig
8 EL Öl
Salz
Pfeffer
2 EL Schnittlauch-röllchen

Die Eier hart kochen, abschrecken, abkühlen lassen, schälen und achteln. Die Zwiebel abziehen und in feine Ringe schneiden. Die Tomaten waschen, die Stielansätze entfernen und das Gemüse achteln.
Die Wurst häuten und in dünne Scheiben schneiden. Wurst, Eier, Zwiebel und Tomaten auf einer Servierplatte anrichten. Essig, Öl und 4 EL Wasser verrühren. Mit Salz und Pfeffer abschmecken. Die Marinade über den Wurstsalat verteilen.
Den Wurstsalat gut durchziehen lassen und vor dem Servieren mit den Schnittlauchröllchen garnieren.

Pilzfleckerl (6 Portionen)

4 Handvoll getrocknete Pilze
2 Zwiebeln
4 EL Schmalz
Salz
Pfeffer
Kümmel
Fleckerl, gekocht (Rezept Seite 59)
4 Eier

Die Pilze etwa 2 Stunden in kaltem Wasser einweichen.
Die Zwiebeln abziehen und klein schneiden. Das Schmalz in einem Topf erhitzen und die Zwiebeln darin anbraten. Die Pilze mit dem Wasser zufügen. Mit Salz, Pfeffer und Kümmel würzen. Bei milder Hitze dünsten, bis die Pilze weich sind und das Wasser aufgesogen ist.
Fleckerl und Eier unter die Pilzmischung rühren. In eine Auflaufform geben und im vorgeheizten Ofen bei 180 °C etwa 20 Minuten backen.

Champignonomelett (3 Portionen)

Für das Omelett:
6 Eier
40 g Mehl
4 EL Sahne
1 Prise Salz
abgeriebene Zitronenschale
2 EL Öl

Für die Füllung:
250 g Champignons
30 g Butter
20 g Mehl
Salz
1 TL Petersilie, fein gehackt

Die Eier trennen. Die Eiweiße zu steifem Schnee schlagen. Eigelbe, Mehl und Sahne mit einer Prise Salz und etwas Zitronenschale gut verrühren. Den Eischnee unterziehen.
Die Champignons putzen, abreiben und in feine Scheiben schneiden. Die Butter in einer Pfanne zerlassen. Die Champignons darin andünsten, mit dem Mehl bestäuben und nochmals kurz dünsten. Salzen und die Petersilie unterheben.
Das Öl in einer großen Pfanne erhitzen. Ein Drittel des Teiges zufügen und von beiden Seiten goldbraun backen. Aus dem übrigen Teig 2 weitere Omeletts zubereiten. Die Omeletts auf 3 große Teller legen, jeweils ein Drittel der Füllung auf eine Hälfte verteilen und die andere Hälfte darüberklappen.

Griebenplätzchen

250 g Grieben
¼ l Milch
1 TL Zucker
1 Würfel Hefe
500 g Mehl
2 Eier
2 TL Salz
1–2 EL Schmalz

Die Grieben durch den Fleischwolf drehen oder mit der Küchenmaschine mahlen. Die Milch mit dem Zucker erwärmen. Die Hefe darin auflösen. 2 EL Mehl unterheben und den Vorteig zugedeckt an einem warmen Ort 15 Minuten gehen lassen.
Den Vorteig in eine Schüssel geben und die Grieben untermengen. Das restliche Mehl, ein Ei und das Salz zufügen. Alles zu einem festen Teig verkneten. Zum Schluss das Schmalz unterkneten und den Teig zugedeckt 2 Stunden an einem warmen Ort gehen lassen.
Aus dem Teig kleine Kugeln rollen, daraus flache runde Plätzchen (etwa 10 cm Ø) formen und auf ein mit Backpapier ausgelegtes Backblech setzen. Das zweite Ei verquirlen und die Plätzchen damit bestreichen. Mit einer Gabel Löcher in die Plätzchen stechen.
Die Plätzchen im vorgeheizten Ofen bei 180 °C in 20–25 Minuten goldbraun backen.

Grieben bekommt man beim Metzger, man kann sie aber auch selbst zubereiten: 1 kg Schweinefett in 1,5 cm große Würfel schneiden, in einen Topf geben und 150 ml Wasser angießen. Das Fett unter Rühren bei milder Hitze braten. Dabei verdunstet das Wasser und es entsteht das Schmalz mit den Grieben. Die Grieben unter gelegentlichem Rühren so lange braten, bis sie goldbraun sind (darauf achten, dass sie nicht verbrennen). Das Fett durch ein Sieb in ein luftdichtes, hitzebeständiges Glas gießen. (Das Schmalz hält sich im Kühlschrank einige Monate und eignet sich sehr gut zum Braten.) Die Grieben vor dem weiteren Verarbeiten auskühlen lassen.
Griebenplätzchen werden nicht nur als Zwischenmahlzeit gereicht, sondern auch als Beilage zu Suppen oder als salziges Gebäck zum Kaffee serviert.

Fleisch

Schweinebraten

2 Knoblauchzehen
1 kg durchwachsener Schweinenacken
Salz
1 TL Kümmel
½ l Fleischbrühe
1 EL Mehl

Die Knoblauchzehen abziehen und halbieren. Das Fleisch salzen, mit dem Knoblauch einreiben und mit dem Kümmel bestreuen. Auf der Kümmelseite in einen Bräter legen und ¼ l Wasser angießen. Den Braten im vorgeheizten Ofen bei 180 °C etwa eine Stunde garen. Das Fleisch wenden, ¼ l Wasser angießen und den Braten nochmals 45 Minuten garen. Herausnehmen und warm stellen.
Den Fond mit heißer Fleischbrühe ablöschen und mit dem Mehl binden.

Fragt man einen Böhmen nach dem typischsten böhmischen Gericht, wird er vermutlich antworten: „Knedlo, vepro, zelo" („Knödel, Schweinefleisch, Kraut"). Das Rezept für Böhmische Knödel finden Sie auf Seite 53, jenes für das Sauerkraut auf Seite 63.

Bierfleisch

1 kg Schweinenacken
3 EL Schmalz
Salz
2 Lorbeerblätter
3 TL Kümmel
½ l helles Bier

Das Fleisch in 2 x 2 cm große Würfel schneiden. Das Schmalz in einem großen Topf erhitzen und das Fleisch darin ringsum goldbraun anbraten. Salzen, die Lorbeerblätter und den Kümmel zufügen und mit dem Bier ablöschen.
Das Fleisch im geschlossenen Topf etwa 1½ Stunden schmoren lassen.
Die Lorbeerblätter vor dem Servieren entfernen.

Zum Bierfleisch schmecken Kartoffelpüree (Rezept Seite 61) und Sauerkraut (Rezept Seite 63).

Surbraten

1 Bund Suppengrün
1 kleine Sellerieknolle
2 Knoblauchzehen
1 Zwiebel
1 Thymianzweig
1 TL Pfefferkörner
1 Lorbeerblatt
1 kg magerer Schweinenacken
Salz
1 EL Puderzucker
¼ l Essig
1 TL Wacholderbeeren
1 TL abgeriebene Zitronenschale
3 EL Butter
⅛ l Weißwein
1 EL Senf
2 EL Preiselbeeren
2 EL Speisestärke
Pfeffer

Das Suppengrün putzen und klein schneiden. Den Sellerie putzen und fein würfeln. Die Knoblauchzehen und die Zwiebel abziehen und fein hacken. Die Thymianblättchen abzupfen, die Pfefferkörner zerstoßen und das Lorbeerblatt zerbröseln.
Das Fleisch mit einem Esslöffel Salz, Puderzucker, Pfeffer und Thymian von allen Seiten einreiben. Ein Geschirrtuch mit dem Essig tränken, etwas ausdrücken und das Fleisch mittig darauflegen.
Suppengrün, Sellerie, Knoblauch, Zwiebel, Wacholderbeeren, Lorbeerblatt und Zitronenschale unter und auf dem Fleisch verteilen und den Braten in das Tuch einschlagen. In eine Schüssel legen und den restlichen Essig darübergießen. Die Schüssel gut abdecken und das Fleisch 2 Tage im Kühlschrank marinieren.
Die Butter in einem Bräter erhitzen und das Fleisch darin ringsum anbraten. Etwas Wasser zufügen und das Fleisch zugedeckt im vorgeheizten Ofen bei 180 °C eine Stunde garen. Die austretende Flüssigkeit zwischendurch abschöpfen und aufbewahren. Den Deckel abnehmen und den Braten weitere 30 Minuten bräunen lassen. Herausnehmen und warm stellen.
Den Bratenfond mit dem Weißwein ablöschen. Senf und Preiselbeeren unterheben. Die Speisestärke mit kaltem Wasser glatt rühren und die Soße damit binden. Mit Salz und Pfeffer abschmecken.

Paprikagulasch

2 Zwiebeln
1 EL Schmalz
1 EL Paprikapulver, edelsüß
1 kg gemischtes Gulasch
Majoran
Pfeffer
Kümmel
2 Knoblauchzehen
2 rote Paprikaschoten
1½ l Fleischbrühe
60 g Butter
2 EL Mehl
Salz
1 EL Sahne

Die Zwiebeln abziehen und fein würfeln. Das Schmalz in einem Topf erhitzen und die Zwiebeln darin glasig dünsten. Das Paprikapulver unterrühren. Das Fleisch zugeben und ringsum anbraten.
Mit Majoran, Pfeffer und Kümmel würzen. Den Knoblauch abziehen, in Scheibchen schneiden und zum Fleisch geben.
Die Paprikaschoten halbieren, putzen, in kleine Stücke schneiden und unter das Gulasch rühren. Die Brühe angießen. Das Gulasch unter gelegentlichem Rühren 45 Minuten garen.
Aus Butter und Mehl eine Mehlschwitze bereiten und das Gulasch damit binden. Mit Salz abschmecken. Die Sahne unter das nicht mehr köchelnde Gulasch rühren.

Die Brühe muss heiß sein, wenn man sie unter das Gulasch rührt, sonst bleibt das Fleisch zäh.

Prager Schinken im Brotteig (8 Portionen)

2 Karotten
2 Zwiebeln
2½ kg Prager Schinken
1 Lorbeerblatt
2 Gewürznelken
1 TL Pfefferkörner
500 g Backmischung für Krustenbrot
1 Pck. Trockenhefe
1 Eiweiß
etwas Mehl

Die Karotten putzen und grob hacken. Die Zwiebeln abziehen und ebenfalls grob hacken. Das Gemüse mit dem Schinken, dem Lorbeerblatt, den Nelken und den Pfefferkörnern in einem großen Topf mit Wasser bedecken. Aufkochen und zugedeckt bei milder Hitze 2 Stunden garen. Das Fleisch im Sud abkühlen lassen.

Die Hefe unter die Backmischung heben. 350 ml lauwarmes Wasser zufügen und alles mit den Knethaken des Rührgeräts zu einem glatten Teig verarbeiten. Zugedeckt 45 Minuten an einem warmen Ort gehen lassen.

Das Eiweiß verquirlen. Den Teig auf einer leicht bemehlten Arbeitsfläche etwa 1 cm dünn ausrollen und mit dem Eiweiß bestreichen.

Schwarte und Fett vom Schinken entfernen. Den Schinken in den Teig einschlagen und die Ränder gut andrücken. Auf ein Backblech setzen und den Teig rautenförmig einritzen. Zugedeckt weitere 15 Minuten an einem warmen Ort gehen lassen. Den Teig mit Wasser bestreichen und im vorgeheizten Ofen bei 175 °C etwa 45 Minuten backen.

Schnitzel mit Senfpanade

4 Schnitzel
Salz
Pfeffer
2 TL Senf
3 EL Paprikapulver, edelsüß
3 EL Mehl
2 Zwiebeln
50 g durchwachsener Speck
2 EL Schmalz

Die Schnitzel salzen, pfeffern und dünn mit Senf bestreichen. Das Paprikapulver mit dem Mehl vermischen. Die Schnitzel darin wenden und die Panade antrocknen lassen.
Die Zwiebeln abziehen und fein würfeln. Den Speck ebenfalls würfeln. Einen Esslöffel Schmalz in einer Pfanne erhitzen. Zwiebeln und Speck darin anbraten, herausnehmen und beiseite stellen.
Das übrige Schmalz in die Pfanne geben und die Schnitzel darin von jeder Seite 3 Minuten braten. Die Hitze reduzieren und das Fleisch nochmals von jeder Seite 2 Minuten braten. Speck und Zwiebelwürfel zufügen und erhitzen.

Koteletts in Biersoße

4 Koteletts
Salz
Pfeffer
3 EL Mehl
2 EL Schmalz
2 Zwiebeln
2 Knoblauchzehen
4 Scheiben durchwachsener Speck
¼ l helles Bier
250 g Sahne
Paprikapulver, edelsüß

Die Koteletts salzen, pfeffern und im Mehl wenden. Das Schmalz in einer Pfanne erhitzen und das Fleisch darin von beiden Seiten jeweils 5 Minuten braten. Die Hitze reduzieren und die Koteletts von jeder Seite weitere 3 Minuten braten.
Die Zwiebeln und den Knoblauch abziehen und fein hacken. Den Speck würfeln.
Die Koteletts aus der Pfanne nehmen und warm stellen.
In der gleichen Pfanne Knoblauch, Speck und Zwiebeln anbraten. Mit dem Bier ablöschen und die Sahne angießen. Die Soße mit Salz, Pfeffer und Paprikapulver abschmecken und einmal kurz aufkochen.

Schnitzel im Kartoffelbett

30 g Butter
1 kg Kartoffeln
Salz
Pfeffer
4 Schnitzel
500 g Sahne

Eine Auflaufform mit der Butter einfetten. Die Kartoffeln schälen und in ½ cm dicke Scheiben schneiden. Die Hälfte der Kartoffelscheiben in die Auflaufform schichten, salzen und pfeffern.
Die Schnitzel salzen und pfeffern und auf die Kartoffeln legen. Die übrigen Kartoffeln darüberschichten und ebenfalls salzen und pfeffern.
Die Form abdecken. Schnitzel und Kartoffeln im vorgeheizten Ofen bei 180 °C etwa 45 Minuten garen.
Die Sahne darübergießen und alles ohne Deckel weitere 20 Minuten backen.

Schinkenfleckerl

Für die Fleckerl:
450 g Mehl
5 Eier

300 g Schinken (roh oder gekocht)
6 Eier
600 g Sahne
Salz
Pfeffer
Muskatnuss

Mehl und Eier in einer Schüssel zu einem Nudelteig verkneten. Eine Stunde zugedeckt ruhen lassen. Den Teig in 5 Kugeln teilen, auf einer bemehlten Arbeitsfläche dünn ausrollen und etwa 2 Stunden trocknen lassen. Etwa 1 x 1 cm große Quadrate aus dem Teig schneiden und die Fleckerl über Nacht ruhen lassen.
Den Schinken würfeln. Eier und Sahne verrühren und mit Salz, Pfeffer und Muskatnuss abschmecken. Fleckerl und Schinken in eine Auflaufform schichten und die Eier-Sahne-Mischung darübergießen.
Die Schinkenfleckerl im vorgeheizten Ofen bei 180 °C etwa 45 Minuten backen.

Sauerkrautgulasch

1 Gemüsezwiebel
1 Knoblauchzehe
200 g durchwachsener Speck
2 EL Schmalz
1 TL Paprikapulver, edelsüß
1 kg gemischtes Gulasch
Majoran, Kümmel, Salz, Pfeffer
1½ l Fleischbrühe
250 g Sauerkraut
60 g Butter
2 EL Mehl

Die Zwiebel und den Knoblauch abziehen und fein würfeln. Den Speck ebenfalls würfeln.
Das Schmalz in einem großen Topf erhitzen. Zwiebel und Speck darin anbraten. Mit dem Paprikapulver würzen.
Das Fleisch zufügen und ringsum anbraten. Mit Majoran, Kümmel, Salz und Pfeffer würzen. Die Brühe angießen und zum Kochen bringen. Das Sauerkraut untermengen. Die Hitze reduzieren und das Gulasch etwa 1½ Stunden garen.
Aus Butter und Mehl eine Mehlschwitze bereiten. Unter das Gulasch rühren und alles nochmals etwa 5 Minuten köcheln lassen.

Kartoffel-Wurst-Gulasch

6 Kartoffeln
300 g Fleischwurst
1 Zwiebel
1 EL Schmalz
Paprikapulver, edelsüß
Kümmel
Pfeffer
Majoran
Salz
2 EL Mehl

Die Kartoffeln schälen und in mundgerechte Stücke schneiden. Die Wurst pellen und ebenfalls in mundgerechte Stücke schneiden. Die Zwiebel abziehen und würfeln. Das Schmalz in einem Topf erhitzen. Die Zwiebel darin glasig dünsten. Die Kartoffeln zufügen. Mit Paprikapulver, Kümmel, Majoran und Pfeffer würzen. Alles gut umrühren.
Einen Liter Wasser angießen und zum Kochen bringen. Die Fleischwurst zufügen, das Gulasch mit Salz abschmecken und 20–25 Minuten köcheln lassen.
Das Mehl mit etwas Wasser in einer Tasse verquirlen und das Gulasch damit eindicken.

Der Rosenberg

Eine Stunde von Hohen-Leipa erhebt sich der Rosenberg. Am Fuße dieses Berges soll vor alten Zeiten eine Heilquelle entsprungen sein, zu welcher die Kranken von weit und breit wallfahrteten.
Als dies der Grundherr bemerkte, ließ er ein Häuschen bei der Quelle bauen und setzte einen Zöllner hinein, dass ihm jeder, der zur Quelle gehen wollte, einen Groschen zahlen sollte. Aber als das Häuschen fertig war, versiegte die Quelle. Der erschrockene Grundherr ließ viele Arbeiter kommen, die der Quelle nachgraben sollten, aber sie konnten sie nie erreichen. Da erkannte der Grundherr, dass es Gottes Strafe für seine Habsucht sei und ließ auf dem Gipfel des Rosenberges eine Kapelle zu Ehren der heiligen Jungfrau erbauen und beschenkte sie mit reichen Schätzen. Allein kurze Zeit nachher entstand ein Erdbeben und die Marienkapelle war samt ihren Schätzen tief in den Berg versunken.
Viele Jahre waren vergangen und man dachte schon nicht mehr an die Kapelle, als ein armer Mann am Fuße des Rosenberges im Grase schlummerte. Er hatte daheim ein Häuschen, das war schon so alt, dass es alle Tage einzustürzen drohte. Da erschien ihm im Traume eine überirdische Frau, die befahl ihm, in den Berg zu gehen, dort würde er Gold finden, mit dem könne er sich ein neues Häuschen bauen. Darüber erwachte der Mann, er fand den Berg offen, ging hinein und kam in die versunkene Kapelle. Dort lagen große Schätze. Da er nichts anderes mithatte, zog er rasch einen Stiefel aus und füllte ihn mit Gold und eilte dann aus dem Berge. Als er schon außerhalb des Berges war, reute es ihn, dass er nicht auch den zweiten Stiefel ausgezogen habe. Schon wollte er umkehren, da schloss sich der Berg

mit einem furchtbaren Krachen. So ging denn der Mann heim, erbaute sich ein neues schönes Haus und malte auf das Schild desselben einen goldenen Stiefel. So gern er aber auch später noch einmal in den Berg gegangen wäre, so konnte er sich doch nicht mehr entsinnen, wo der Eingang gewesen war und konnte auch keine Spur einer Öffnung finden.

An einem Karfreitage ging einmal ein armes Weib mit ihrem Kinde in den Wald, um Reisig zu suchen. Sie fand den Berg und die Kapelle offen und ging hinein. Dort setzte sie das Kind nieder und betete und nahm sich von den Schätzen, die da aufgespeichert lagen. Als sie aber das Kind aufheben wollte, weinte es und wollte weiter mit den Edelsteinen spielen. So ließ die Frau ihr Kind in der Kapelle und sammelte im Walde weiter. Als sie aber zurückkehrte, um ihr Kind zu holen, fand sie den Berg verschlossen und musste allein nach Hause zurückkehren. Sie betete das ganze Jahr hindurch, Gott möge ihr Kind beschützen. Als sie aber am Karfreitage des nächsten Jahres wieder zu dem Berge ging, eilte ihr das Kind aus der offenen Kapelle freudig entgegen. Eine schöne freundliche Frau hatte ihm jeden Tag Nahrung gebracht und die Zeit war ihm so schnell vergangen, als ob es bloß eine Woche im Berge gewesen wäre.

(Dr. Josef Virgil Grohmann, „Sagen-Buch von Böhmen und Mähren“)

Lendenbraten

Für die Marinade:
2 EL Essig
⅛ l Rotwein
10 Pfefferkörner
10 Wacholderbeeren
3 Lorbeerblätter
2 Prisen Thymian
10 Pimentkörner
Salz

1 kg Rinderlende
250 g Schweinespeck
4 Zwiebeln
6 Karotten
½ Sellerieknolle
1 Petersilienwurzel
3 EL Schmalz
1 EL saure Sahne
Salz
Pfeffer

Essig, Wein und ½ l Wasser in einen Topf geben. Pfefferkörner, Wacholderbeeren, Lorbeerblätter, Thymian, Pimentkörner und etwas Salz zufügen. Die Marinade kurz aufkochen und abkühlen lassen.
Die Rinderlende waschen, trockentupfen und häuten. Den Speck in Streifen schneiden und das Fleisch damit spicken. In eine große Schüssel legen, die Marinade darübergießen und die Schüssel abdecken. Das Fleisch 2–3 Tage im Kühlschrank marinieren.
Die Zwiebeln abziehen. Die Karotten schälen. Die Sellerieknolle und die Petersilienwurzel putzen. Das Gemüse klein würfeln. Einen Esslöffel Schmalz in einem Topf erhitzen und das Gemüse unter gelegentlichem Rühren 10 Minuten darin dünsten. Das Fleisch in einem Topf im übrigen Schmalz ringsum anbraten.
Den Boden eines Bräters mit einem Teil des Gemüses auslegen. Die Rinderlende darauflegen und mit dem übrigen Gemüse bedecken. Die Marinade angießen und das Fleisch bei 180 °C im vorgeheizten Ofen 1½–2 Stunden schmoren. Aus dem Bräter nehmen und warm stellen.
Das Gemüse pürieren, die saure Sahne unterheben und die Soße mit Salz und Pfeffer abschmecken.

Lendenbraten ist ein böhmisches Festtagsgericht, das mit Semmelknödeln oder Böhmischen Knödeln serviert wird. Garniert wird der Lendenbraten mit einer Zitronenscheibe in der Soße und einem Klecks Preiselbeerkompott auf den Fleischscheiben.

Rinderrouladen

4 Rinderrouladen
Salz
Pfeffer
4 EL Tomatenmark
4 TL Senf
2 TL Paprikapulver, edelsüß
2 Zwiebeln
4 Gewürzgurken
8 dünne Scheiben durchwachsener Speck
2 EL Schmalz
100 ml Rotwein
¼ l Fleischbrühe
1 TL Speisestärke

Die Rouladen waschen und mit Küchenpapier trockentupfen. Nebeneinander legen, salzen und pfeffern. Tomatenmark, Senf und Paprikapulver vermischen und die Rouladen damit bestreichen.
Die Zwiebeln abziehen und fein würfeln. Die Gurken in dünne Scheiben schneiden. Auf jede Roulade 2 Scheiben Speck legen. Darüber einige Zwiebelwürfel und Gurkenscheibchen verteilen. Die Rouladen aufrollen und mit Küchengarn fest umwickeln.
Das Schmalz in einem großen Topf erhitzen. Die Rouladen darin ringsum scharf anbraten. Mit dem Rotwein ablöschen und die Fleischbrühe angießen.
Die Hitze reduzieren und die Rouladen unter gelegentlichem Wenden etwa 1½ Stunden garen.
Das Fleisch aus dem Topf nehmen und warm stellen.
Die Soße mit der Speisestärke andicken und evtl. mit Salz und Pfeffer abschmecken.

Böhmische Sprichwörter zeugen von Lebenserfahrung, Humor und Tiefgründigkeit.

Was du heute besorgen könntest, das verschiebe auf übermorgen, dann hast du heute und morgen frei.

Wer den Tag mit Lachen beginnt, hat ihn bereits gewonnen.

Es genügt, einen Gott zu haben, aber einen einzigen Freund zu haben, ist zu wenig.

Rinderbraten

1 Gemüsezwiebel
2 EL Öl
1 kg Rinderbraten
Salz
Pfeffer
Paprikapulver, edelsüß
1 l Fleischbrühe
200 g Sahne
2 EL Mehl

Die Zwiebel abziehen und in Ringe schneiden. Das Öl in einem Topf erhitzen und das Fleisch darin ringsum anbraten. Die Zwiebelringe zufügen und kurz anbraten. Mit Salz, Pfeffer und Paprikapulver würzen. Die Fleischbrühe in einem Topf erhitzen und zum Rinderbraten geben. Alles 1½ Stunden schmoren, dabei das Fleisch gelegentlich wenden. Den Braten aus dem Topf nehmen, in Scheiben schneiden und warm halten.

Die Sahne mit dem Mehl verquirlen. Die Soße pürieren und wieder zum Kochen bringen. Mit Sahne und Mehl binden. Evtl. nochmals abschmecken.

Rumpsteaks in Knoblauchsoße

2 Zwiebeln
4 Knoblauchzehen
6 EL Öl
4 Rumpsteaks
Majoran
Kümmel
Pfeffer
1½ l Fleischbrühe
2 Kartoffeln
Salz

Die Zwiebeln und den Knoblauch abziehen und in feine Würfel schneiden. Das Öl in einem großen Topf erhitzen und das Gemüse darin glasig dünsten. Die Rumpsteaks zufügen und von beiden Seiten kurz anbraten. Mit Majoran, Kümmel und Pfeffer würzen

Die Brühe angießen und das Fleisch bei mittlerer Hitze etwa 30 Minuten schmoren. Die Kartoffeln schälen und fein reiben. Die Soße damit eindicken und alles weitere 5 Minuten köcheln lassen. Vor dem Servieren mit Salz abschmecken.

Kümmelfleisch

1 kg Kalbfleisch (Unterschale)
3 EL Öl
1 EL Mehl
1 EL Paprikapulver, edelsüß
Salz
¼ l Kalbsfond
1 TL Zucker
1 TL Kümmel, gemahlen
2 Äpfel
100 g saure Sahne
1 EL Petersilie, gehackt

Das Fleisch waschen, mit Küchenpapier trockentupfen und in 2 cm große Würfel schneiden. Einen Esslöffel Öl in einer Pfanne erhitzen und ein Drittel des Fleisches darin ringsum anbraten. Herausnehmen und mit dem restlichen Öl und dem übrigen Fleisch ebenso verfahren.
Das Fleisch in einen großen Topf geben, mit dem Mehl und dem Paprikapulver bestäuben, salzen und umrühren. Den Fond angießen. Zucker und Kümmel unterheben. Das Fleisch zugedeckt bei mittlerer Hitze 30 Minuten schmoren.
Die Äpfel schälen, halbieren, entkernen, in Spalten schneiden und unter das Fleisch heben. Die saure Sahne einrühren und alles 10 Minuten köcheln lassen. Das Kümmelfleisch mit Petersilie bestreut servieren.

Kalbsleberragout

1 Zwiebel
2 EL Schmalz
800 g Kalbsleber
Pfeffer
Kümmel
1 l Fleischbrühe
2 EL Mehl
Salz

Die Zwiebel abziehen und fein würfeln. Einen Teelöffel Schmalz in einer Pfanne erhitzen und die Zwiebel darin glasig dünsten. Die Leber waschen, trockentupfen und in mundgerechte Stücke schneiden. Das restliche Schmalz in einem Topf erhitzen und die Leber darin ringsum anbraten. Die Zwiebel zufügen. Mit Pfeffer und Kümmel würzen.
Die Fleischbrühe angießen und die Leber 20 Minuten garen.
Das Mehl mit etwas Wasser verrühren und die Soße damit eindicken. Mit Salz abschmecken.

Gefüllte Paprika mit Tomatensoße

Für die Tomatensoße:
1 Zwiebel
800 g Tomaten
3 EL Butter
1 EL Mehl
Salz
Pfeffer
Zucker
2 Lorbeerblätter

Für die Füllung:
4 EL Reis
1 Zwiebel
1 EL Butter
500 g gemischtes Hackfleisch
Salz
Pfeffer
1 Ei

4 rote Paprikaschoten
4 gelbe Paprikaschoten

Die Zwiebel abziehen und fein hacken. Die Tomaten in kleine Stücke schneiden.
Einen Esslöffel Butter in einer Pfanne erhitzen, die Zwiebel darin glasig dünsten und herausnehmen.
Aus der restlichen Butter und dem Mehl in einem Topf eine Mehlschwitze bereiten. Tomaten und Zwiebel unterrühren. Mit Salz, Pfeffer und Zucker abschmecken. Die Lorbeerblätter zufügen und die Soße 30 Minuten köcheln lassen.
Für die Füllung den Reis mit kochendem Wasser überbrühen. Die Zwiebel abziehen und würfeln. Die Butter in einem Topf erhitzen und die Zwiebel darin kurz anbraten. Das Hackfleisch zufügen, salzen und pfeffern. Den Reis untermischen und alles kurz dünsten (der Reis muss noch Biss haben). Die Füllung abkühlen lassen. Das Ei untermengen.
Von den Paprikaschoten den Deckel abschneiden. Die Kerne und die weißen Trennwände entfernen. Die Hackfleischmasse mit einem Esslöffel in die Paprikaschoten füllen.
Die Soße durch ein Sieb in einen Topf streichen und evtl. mit Salz und Zucker nochmals abschmecken. Die Paprikaschoten in die Soße setzen und 45 Minuten köcheln lassen. Dabei die Soße gelegentlich umrühren.

Linseneintopf

300 g Linsen
1 Zwiebel
2 Knoblauchzehen
150 g durchwachsener Speck
1 l Gemüsebrühe
Salz, Pfeffer, Majoran
60 g Butter
2 EL Mehl
Essig

Die Linsen 2 Stunden in Wasser einweichen. Die Zwiebel und den Knoblauch abziehen und fein hacken. Den Speck würfeln. Mit dem Knoblauch und der Zwiebel in einem Topf kurz anbraten. Die Brühe und die Linsen zufügen und alles etwa 40 Minuten köcheln lassen. Mit Salz, Pfeffer und Majoran abschmecken. Aus der Butter und dem Mehl eine Mehlschwitze bereiten und den Linseneintopf damit eindicken. Mit Essig leicht säuerlich abschmecken.

Zum Linseneintopf schmecken Mehlspatzen (Rezept Seite 58) oder Hefe-Liwanzen (Rezept Seite 71) und Spiegeleier.

Kartoffelstrudel

Für den Strudelteig:
400 g gekochte Kartoffeln
Salz
150 g Mehl
2 Eier
50 g Butter

Für die Füllung:
200 g gekochter Schinken
100 g Semmelbrösel

Die Kartoffeln schälen, in leicht gesalzenem Wasser garen und abkühlen lassen. Inzwischen den Schinken klein schneiden. Die Semmelbrösel ohne Fett bei milder Hitze unter Rühren in einer Pfanne rösten. Die Kartoffeln reiben und mit dem Mehl, den Eiern und etwas Salz zu einem glatten Teig verkneten. Den Kartoffelteig auf einer bemehlten Arbeitsfläche zu einem Rechteck ausrollen. Die Semmelbrösel darüberstreuen und den Schinken darauf verteilen. Den Teig aufrollen und in einem mit kaltem Wasser befeuchteten Tuch locker einschlagen. Den Strudel in Salzwasser 30 Minuten leicht köcheln lassen. Herausnehmen, in Scheiben schneiden und mit zerlassener Butter beträufeln.

Geflügel und Wild

Prager Ente

1 küchenfertige Ente
Salz
Pfeffer
1 EL Kümmel
125 g Perlgraupen
250 g Zwiebeln
200 g Pfifferlinge
1 EL Butter
1 Knoblauchzehe
6 EL Schmalz
300 g TK-Erbsen

Die Ente innen und außen gut mit Salz und Pfeffer einreiben. Den Kümmel hineinstreuen. Die Ente in einen Bräter legen und den Boden mit Wasser bedecken. Im vorgeheizten Ofen bei 225 °C etwa 1½ Stunden braten, dabei einmal wenden und mehrmals mit dem Fond beschöpfen.

Die Perlgraupen mit einem Liter Wasser in einem Topf zum Kochen bringen. Die Hitze reduzieren und die Graupen 20–25 Minuten garen. In ein Sieb geben und abtropfen lassen. Die Zwiebeln abziehen und fein würfeln. Die Pilze putzen und abreiben. Die Butter in einer Pfanne erhitzen und die Pfifferlinge darin anbraten.

Den Knoblauch abziehen und durch die Presse drücken. Das Schmalz in einem Topf erhitzen. Die Zwiebeln und den Knoblauch darin glasig dünsten. Die Perlgraupen zufügen und anschwitzen. Die Erbsen unterheben und alles 5 Minuten garen. Die Pilze zufügen. Mit Salz und Pfeffer abschmecken. Die Ente auf eine vorgewärmte Servierplatte legen und warm halten.

Den Fond entfetten, mit kaltem Wasser vom Bräter lösen, etwas einkochen lassen und abschmecken.

An Neujahr wird in Böhmen kein Geflügel serviert, denn im Volksmund heißt es, dass mit dem Geflügel auch das Glück im neuen Jahr davonfliegt.

Einfacher Gänsebraten

2 EL Öl
1 Zwiebel
1 küchenfertige Gans
Salz
Pfeffer

Das Öl auf dem Boden eines Bräters verteilen. Die Zwiebel abziehen, in Ringe schneiden und im Bräter verteilen.
Die Gans innen und außen mit Salz und Pfeffer einreiben und in den Bräter legen. Etwas Wasser angießen. Die Keulen mit einer Fleischnadel mehrmals einstechen, damit das Fett gut austreten kann.
Die Gans im vorgeheizten Ofen bei 160 °C in etwa 3 Stunden knusprig braun braten. Zwischendurch wenden und mehrmals mit Bratensaft einstreichen.

Gefüllte Pute *(6 Portionen)*

1 küchenfertige Pute
Salz

Für die Füllung:
4 Brötchen
½ l Milch
150 g Butter
4 Eier
100 g Mandeln, gehackt
½ TL Zucker
40 g Semmelbrösel
100 g Rosinen
1 Prise Muskatnuss
Salz

Die Pute innen und außen salzen.
Die Brötchen in der Milch einweichen. Die Butter in einer Schüssel schaumig rühren. 3 Eier trennen. Nach und nach 3 Eigelbe und ein ganzes Ei unter die Butter rühren. Die Brötchen ausdrücken und durch ein Sieb streichen. Mandeln, Zucker, Semmelbrösel und Rosinen unterheben. Mit Muskatnuss und Salz abschmecken. Alles noch einmal gut durchmischen. Die Eiweiße zu steifem Schnee schlagen und unterheben.
Die Pute mit der Brötchenmischung füllen, in einen Bräter legen und im vorgeheizten Ofen bei 160 °C 2½–3 Stunden braten. Zwischendurch wenden und mehrmals mit Bratensaft einstreichen.
Die Pute aus dem Ofen nehmen, tranchieren und die Füllung zum Fleisch servieren.

Friedrich Egermann und die Glaskunst

Friedrich Egermann (1777–1864) gehört zweifellos zu den berühmtesten böhmischen Glaskünstlern. Geboren am 5. März 1777 in Schluckenau, wurde er im Alter von 6 Wochen von Verwandten aufgenommen. 1778 wurde er im „Kartoffelkrieg" von Preußen verschleppt. Nach seiner Rückkehr wuchs er bei einer Großtante auf. Mit 8 Jahren erkrankte er nach einem Hundebiss an Tollwut, seine Genesung ging nur schleppend voran. Wasser und Brot, Schläge und andere menschenunwürdige Bestrafungen prägten seinen Alltag. 1786 wurde Friedrich von seinem Onkel, dem Pfarrer Ignatz Kittel, als Pfarrjunge aufgenommen. Drei Jahre später begann er eine Lehre als Schneider, dann als Bierbrauer. Er zerquetschte sich eine Hand und hütete fortan Schafe. Nach einer missglückten Fleischhauerlehre ging er zu seinem Onkel Anton Kittel nach Falkenau und lernte das Handwerk des Glasblasens und Glasmalens. Man kannte dort allerdings nur die Klecksmalerei. Da Friedrich jedoch künstlerisch malen wollte, ging er auf Wanderschaft und schlug sich als Messerschleifer und Drahtbinderjunge durch. Schließlich gelangte er nach Meißen, dem Ziel seiner Wünsche. Damit er an die gut gehüteten Geheimnisse der Porzellanmalerei kam, stellte er sich dumm, registrierte jedoch sehr genau, was um ihn herum gesprochen wurde. Außerdem sammelte er Bruchware und schickte sie in die Heimat.
Nach Böhmen zurückgekehrt lernte Friedrich noch einmal zwei Jahre lang die Glasmacherkunst und perfektionierte seinen Zeichenstil.
Mit 25 Jahren besaß Friedrich Egermann seine eigene Manufaktur. Seine wahre Stärke lag jedoch im Erfinden: Achatglas, matt geschliffenes Kristallglas, marmoriertes Glas, Lithyalinglas und seine größte Errungenschaft das Rubinglas.

Paprikahühnchen

1 küchenfertiges Huhn
1 Zwiebel
2 EL Schmalz
Paprikapulver, edelsüß
Salz
400 g Sahne
2–3 EL Mehl

Das Huhn zerlegen. Die Zwiebel abziehen und fein würfeln. Etwas Schmalz in einer Pfanne erhitzen und die Zwiebel darin glasig dünsten.
Das restliche Schmalz in einem Topf erhitzen. Die Geflügelstücke darin ringsum anbraten und mit Paprikapulver bestäuben.
So viel Wasser angießen, dass das Geflügel gerade bedeckt ist. Leicht salzen. Das Fleisch bei mittlerer Hitze 45 Minuten garen. Herausnehmen und von den Knochen lösen.
Die Sahne und das Mehl verrühren. Die Soße damit eindicken und aufköcheln lassen. Mit Paprikapulver und Salz abschmecken. Die Fleischstücke wieder in den Topf geben und erwärmen.

Hühnerbrüste mit Gemüsesoße (6 Portionen)

2 EL Öl
6 Hühnerbrüste
1 Zwiebel
Pfeffer
Salz
6 Karotten
1 Stange Lauch
1 Sellerieknolle
½ l Fleischbrühe
100 g saure Sahne
Mehl

Das Öl in einem großen Topf erhitzen und die Hühnerbrüste darin ringsum anbraten. Herausnehmen und warm stellen.
Die Zwiebel abziehen und sehr fein hacken. Im selben Topf glasig dünsten und mit Pfeffer und etwas Salz würzen. ½ l Wasser angießen und zum Kochen bringen.
Karotten, Lauch und Sellerie putzen. Die Karotten halbieren, den Sellerie vierteln und den Lauch in Ringe schneiden.
Das Gemüse mit dem Fleisch zu den Zwiebeln geben und mit schräg aufgelegtem Deckel bei milder Hitze etwa eine Stunde leicht köcheln lassen. Die heiße Fleischbrühe angießen und mit Pfeffer abschmecken.
Das Fleisch herausnehmen und warm stellen. Die Hälfte des Gemüses aus dem Topf nehmen. Den Rest pürieren, sodass eine homogene, dickflüssige Soße entsteht. Die saure Sahne unter ständigem Rühren untermischen. Die Soße evtl. mit etwas Mehl eindicken.

Das nicht pürierte Gemüse kann als Beilage serviert werden. Außerdem passen zu diesem Gericht Backknödel (Rezept Seite 55). Anstelle der Hühnerbrüste kann man auch Hasen- oder Kaninchenfleisch verwenden.

Hasenrücken

1 Hasenrücken
1 EL Weißweinessig
1 große Zwiebel
2 Karotten
2 Stangen Staudensellerie
2 Knoblauchzehen
2 Scheiben durchwachsener Speck
200 g Steinpilze
3 EL Öl
Salz
2 Rosmarinzweige
50 g Butter
¼ l trockener Rotwein
500 g passierte Tomaten
2 Lorbeerblätter
Pfeffer

Den Hasenrücken in 8 Stücke teilen und in eine Schüssel legen. Den Essig mit so viel kaltem Wasser mischen, dass die Hasenstücke damit bedeckt werden können. Das Fleisch etwa 30 Minuten im Essigwasser marinieren. Herausnehmen, abbrausen und trockentupfen.

Die Zwiebel abziehen und in feine Ringe schneiden. Karotten und Sellerie putzen und sehr fein würfeln. Den Knoblauch abziehen und durch die Presse drücken. Die Speckscheiben in ½ cm breite Streifen schneiden. Die Pilze putzen, abreiben und grob zerkleinern.

Das Öl in einem großen Topf erhitzen. Die Hasenstücke mit Salz einreiben und etwa 15 Minuten ringsum anbraten. Zwiebel, Karotten, Sellerie, Knoblauch und Rosmarinzweige zufügen und etwa 5 Minuten dünsten.

Inzwischen die Butter in einer Pfanne zerlassen. Die Pilze zufügen und unter Rühren etwa 5 Minuten schmoren. Den Speck hinzugeben und anbraten.

Die Hälfte des Rotweins zum Fleisch geben und bei mittlerer Hitze ohne Deckel verdampfen lassen, dabei die Hasenstücke mehrmals wenden. Die Pilze und den Speck unterrühren. Nach und nach die Tomaten und den restlichen Rotwein untermengen.

Die Lorbeerblätter hinzufügen. Mit Salz und Pfeffer abschmecken und das Fleisch zugedeckt eine Stunde bei milder Hitze garen.

Vor dem Servieren die Lorbeerblätter und Rosmarinzweige aus der Soße entfernen.

Kaninchenkeulen

4 Kaninchenkeulen
Salz
Pfeffer
2 Zwiebeln
4 EL Öl
1 EL Honig
200 ml helles Bier
400 ml Wildfond
1 EL Thymianblättchen
100 g Backpflaumen

Das Fleisch kräftig mit Salz und Pfeffer einreiben. Die Zwiebeln abziehen und in Ringe schneiden. Das Öl in einem Topf erhitzen und das Fleisch darin ringsum anbraten. Die Zwiebeln und den Honig zufügen und unter Wenden etwa 2 Minuten dünsten. Mit dem Bier ablöschen und bei starker Hitze einkochen lassen.
Die Hälfte des Fonds und des Thymians zugeben. Den Deckel auflegen und das Fleisch 1½ Stunden bei milder Hitze garen. Dabei nach und nach den restlichen Fond angießen.
Die Pflaumen zugeben und 10 Minuten köcheln lassen. Den restlichen Thymian unterrühren. Mit Salz und Pfeffer abschmecken.

Fasan *(2 Portionen)*

1 küchenfertiger Fasan
Salz
100 g durchwachsener Speck in Scheiben
1 Zwiebel
50 g Butter
3 Pfefferkörner
2 Pimentkörner
etwas Thymian
⅛ l Fleischbrühe

Den Fasan innen und außen salzen. Die Brust und die Keulen mit den Speckscheiben umwickeln. Die Zwiebel abziehen und fein hacken.
Die Butter in einem Bräter zerlassen und die Zwiebel darin glasig dünsten. Die Gewürze zufügen und den Fasan mit der Brust nach unten darauflegen. Die Fleischbrühe angießen.
Den Fasan im vorgeheizten Ofen bei 180 °C etwa 1½ Stunden garen. Dabei mehrmals wenden und mit dem Fond übergießen.

Fisch

Panierte Karpfenfilets

2 Eier
Milch
2 EL Mehl
2 EL Semmelbrösel
4 Karpfenfilets
Salz
Öl

Die Eier mit etwas Milch verquirlen. Mehl und Semmelbrösel jeweils auf einen flachen Teller geben. Die Karpfenfilets salzen. Zuerst im Mehl, dann in der Eimischung und zum Schluss in den Semmelbröseln wälzen. Die Panade kurz antrocknen lassen. Reichlich Öl in einer großen Pfanne erhitzen und die Fischfilets darin von beiden Seiten jeweils 5 Minuten goldbraun braten.

Die panierten Karpfenfilets gehören zum böhmischen Weihnachtsfest wie die Plätzchen. Traditionell wird das Gericht an Heiligabend mit Kartoffelsalat (Rezept Seite 60) serviert.

Land und Volk (aus „Larenopfer" von Rainer Maria Rilke)

... Gott war guter Laune.
Geizen ist doch wohl nicht seine Art;
und er lächelte: Da ward Böhmen,
reich an tausend Reizen.

Wie erstarrtes Licht liegt Weizen
zwischen Bergen, waldbehaart,
und der Baum, den dicht geschart
Früchte drücken, fordert Spreizen.

Gott gab Hütten; voll von Schafen
Ställe; und der Dirne klafft
vor Gesundheit fast das Mieder.

Gab den Burschen all, den braven,
in die raue Faust die Kraft,
in das Herz – die Heimatlieder.

Karpfen in schwarzer Soße (8 Portionen)

Für die Soße:
1 Zwiebel
2 Karotten
1 dicke Scheibe Knollensellerie
½ Petersilienwurzel
2 Knoblauchzehen
1 unbehandelte Zitrone
100 g Butter
2 EL Zucker
1 TL Salz
5 Pfefferkörner
1 Scheibchen Ingwer
2 Nelken
3 Lorbeerblätter
200 ml Schwarzbier
200 g Backpflaumen
100 g Rosinen
100 g Mandeln, geschält
100 g Walnüsse
100 g Soßenkuchen
3 EL Pflaumenmus
¼ l Birnendicksaft

Für die Karpfen:
2 küchenfertige Karpfen (à 2 kg)
1 Karotte

Für die schwarze Soße die Zwiebel abziehen und in kleine Würfel schneiden. Karotten, Knollensellerie und Petersilienwurzel putzen und fein hacken. Den Knoblauch abziehen und durch die Presse drücken. Die Zitronenschale abreiben.

Die Butter bei milder Hitze in einem Topf zerlassen. Zwiebel, Karotten, Sellerie, Petersilienwurzel und Knoblauch darin unter Rühren dünsten. Den Zucker unter Rühren karamellisieren. 2½ l Wasser angießen. Salz, Pfefferkörner, Ingwer, Zitronenschale, Nelken und Lorbeerblätter zufügen. Den Sud im offenen Topf in etwa 2 Stunden auf einen Liter einkochen. Durch ein Sieb gießen, das Gemüse vorsichtig ausdrücken und die Reste entsorgen.

Bier, Backpflaumen und Rosinen in den Sud geben und im geschlossenen Topf eine weitere Stunde köcheln lassen.

Mandeln und Walnüsse grob hacken. Den Soßenkuchen zerbröckeln und in 200 ml Wasser unter Rühren erhitzen. Pflaumenmus, Mandeln, Walnüsse und Birnendicksaft unterrühren. Das Ganze 10 Minuten köcheln lassen.

Kopf und Flossen von den Karpfen abtrennen und die Fische jeweils in 4 Stücke teilen. Die Karotte putzen und in Scheiben schneiden. Die Zwiebel abziehen und in Ringe schneiden.

Karpfenköpfe und -flossen, Zwiebel, Karotte, 3 Zitronenscheiben, das Lorbeerblatt und das Salz in 4 l Wasser zum Kochen bringen und 20 Minuten köcheln lassen.

- 1 kleine Zwiebel
- 1 unbehandelte Zitrone
- 1 Lorbeerblatt
- 3 EL Salz
- 10 Pfefferkörner

Die Pfefferkörner zufügen und alles weitere 10 Minuten kochen. Den Fond durch ein Sieb gießen, auffangen und nochmals aufkochen. Die Karpfenstücke mit Zitronensaft beträufeln und zufügen. Die Fischstücke 15 Minuten garen, der Fond darf dabei nicht mehr kochen.
Die Fischstücke mit einer Schaumkelle aus dem Topf nehmen und abtropfen lassen. Auf einer großen Servierplatte anrichten und mit der schwarzen Soße überziehen.

Noch besser schmeckt die schwarze Soße mit selbst gemachtem Powidl (Pflaumenmus). Das Rezept dazu finden Sie auf Seite 74.

Böhmen war bereits im späten Mittelalter für seine Zuchtkarpfen berühmt und noch heute wird der Fisch dort gern gegessen, insbesondere an Weihnachten.
Zu einem Karpfengericht, das an Festtagen auf den Tisch kommt, darf die schwarze Soße nicht fehlen. Ingwer, Nelken und Mandeln waren einst erlesene Zutaten und hatten einen stolzen Preis. Deshalb war die schwarze Soße kein Alltagsgericht. Und sie ist es bis heute nicht, denn ihre Zubereitung erfordert ein wenig Geschick. Serviert wird sie zu gekochtem, aber auch zu paniertem Karpfen.

Gefüllte Forelle

1 Zitrone
Salz
4 küchenfertige Forellen
4 Knoblauchzehen
1 Bund Petersilie
1 Bund Schnittlauch
5 EL weiche Butter
Pfeffer

Die Zitrone auspressen und den Saft mit einem Teelöffel Salz vermischen. Die Forellen innen und außen mit dieser Mischung einreiben.
Den Knoblauch abziehen und grob hacken. Die Petersilie hacken und den Schnittlauch in feine Röllchen schneiden.
4 EL Butter mit dem Knoblauch, der Petersilie, dem Schnittlauch und etwas Salz und Pfeffer verrühren. Die Fische damit füllen.
Eine Auflaufform mit der restlichen Butter einfetten. Die Forellen in die Form legen und bei 180 °C im vorgeheizten Ofen 30–45 Minuten garen.

Das erste Veilchen (Karl Egon Ebert)

Als ich das erste Veilchen erblickt,
wie war ich von Farben und Duft entzückt!
Die Botin des Lenzes drückt ich voll Lust
an meine schwellende, hoffende Brust.

Der Lenz ist vorüber, das Veilchen ist tot;
rings stehn viel Blumen blau und rot.
Ich stehe inmitten und sehe sie kaum,
das Veilchen erscheint mir im Frühlingstraum.

Zanderfilet in Dillsoße

Für die Dillsoße:
1 Bund Dill
½ l Milch
2 EL Mehl
200 g Sahne
½ TL Salz
1–2 EL Zucker
2 EL Zitronensaft

2 EL Öl
30 g Butter
4 Zanderfilets
Salz
Pfeffer

Den Dill klein hacken. Die Milch mit 200 ml Wasser in einem Topf zum Kochen bringen und den Dill unterheben.
Mehl und Sahne verquirlen und unter die köchelnde Soße rühren. Mit Salz, Zucker und Zitronensaft abschmecken.
Das Öl und die Butter in einer großen Pfanne erhitzen. Die Zanderfilets mit etwas Salz und Pfeffer würzen. Im heißen Fett von beiden Seiten jeweils etwa 5 Minuten goldgelb backen.
Die Fischfilets aus der Pfanne nehmen, auf Küchenpapier abtropfen lassen und mit der Dillsoße servieren.

Knödel

Grießknödel

140 g Butter
2 Eigelbe
200 g Grieß
Salz
4 EL Semmelbrösel

100 g Butter mit den Eigelben schaumig rühren. Den Grieß und eine Prise Salz unterheben und den Teig 1 Stunde ruhen lassen.
Aus dem Teig Knödel formen. Reichlich Wasser mit etwas Salz in einem großen Topf zum Kochen bringen. Die Knödel hineinlegen und 15 Minuten köcheln lassen. Die Temperatur reduzieren und die Knödel weitere 30 Minuten ziehen lassen.
Die restliche Butter in einer Pfanne zerlassen. Die Knödel mit der Butter beträufeln und die Semmelbrösel darüberstreuen.

Tomaten- oder Powidlsoße (Rezepte Seite 67) passt gut zu den Grießknödeln.

Böhmische Knödel *(8–10 Portionen)*

1 Würfel Hefe
1 TL Zucker
1 kg Mehl
2 Eier
Salz

Die Hefe mit dem Zucker in 300 ml lauwarmem Wasser auflösen. Mehl, Eier und 2 TL Salz in eine Schüssel geben und mit der Hefemischung zu einem glatten Teig verkneten. Zugedeckt an einem warmen Ort gehen lassen, bis sich die Menge verdoppelt hat. Den Teig in vier gleich große Stücke schneiden und zu Rollen formen. Die Knödel sollen in etwa gleich dick und gleich groß sein.
Reichlich Wasser in einem großen Topf mit etwas Salz zum Kochen bringen. Die Knödel hineinlegen und 25–30 Minuten gar ziehen lassen. Ab und zu wenden. Die heißen Knödel mit Küchengarn in Scheiben schneiden.

Der Teig hat die richtige Konsistenz, wenn er nicht an der Schüssel klebt. Außerdem zeigen sich viele kleine Luftblasen, wenn er richtig zubereitet ist. Ist der Teig zu wässrig oder zu trocken, knetet man noch ein wenig Mehl oder Wasser unter.

Kartoffelknödel

1 kg Kartoffeln
Salz
250 g Mehl
150 g Grieß
2 Eier

Die Kartoffeln schälen und in Salzwasser kochen. Die heißen Kartoffeln durch die Kartoffelpresse drücken. Mehl, Grieß, eine Prise Salz, Eier und Kartoffeln zu einem Teig verkneten. Daraus zwei etwa gleich große und dicke Rollen formen. Die Knödel in Salzwasser 25–30 Minuten kochen. Die heißen Knödel mit Küchengarn in Scheiben schneiden.

Der Teig darf nicht an den Händen kleben, evtl. muss man noch ein wenig Mehl unterkneten.

Serviettenknödel

250 g altbackene Brötchen
½ Bund Petersilie
1 Zwiebel
4 EL Butter
3 Eier
¼ l Milch
Salz
Muskatnuss

Die Brötchen in kleine Würfel schneiden und in eine Schüssel geben. Die Petersilienblättchen abzupfen und fein hacken. Die Zwiebel abziehen und ebenfalls fein hacken. Die Butter in einer Pfanne zerlassen und die Zwiebeln darin glasig dünsten. Die Mischung über die Semmelwürfel gießen. Die Eier trennen. Eigelbe, Milch und Petersilie verrühren. Mit Salz und Muskatnuss abschmecken und über die Semmelwürfel gießen. Alles gut verrühren und den Teig mindestens 20 Minuten ruhen lassen.

Die Eiweiße zu steifem Schnee schlagen und unter den Teig heben. Ein Küchentuch anfeuchten. Den Teig darauf streichen, zu einer Rolle formen und fest einrollen.

Reichlich Salzwasser in einem großen Topf zum Kochen bringen. Den Knödel hineinlegen und 30–40 Minuten köcheln lassen. Herausnehmen, kurz mit kaltem Wasser abschrecken und vorsichtig vom Küchentuch lösen.

Den Serviettenknödel in etwa 1 cm dicke Scheiben schneiden.

Backknödel *(6 Portionen)*

1 Würfel Hefe
50 g Butter
500 g Mehl
1 Ei
1 TL Salz
1 EL Zucker
Milch

Die Hefe in lauwarmem Wasser auflösen. Die Butter in einem Töpfchen zerlassen. Das Mehl in eine Schüssel geben und in die Mitte eine Mulde drücken. In der Mulde das Ei und die aufgelöste Hefe verquirlen. Das Salz zufügen. Den Teig kneten und so viel lauwarme Milch unterkneten, bis ein geschmeidiger Teig entsteht. Den Teig zugedeckt an einem warmen Ort 2 Stunden gehen lassen. Ein Backblech mit Backpapier auslegen. Aus dem Teig Kugeln von etwa 6 cm Ø formen und nebeneinander auf das Backblech setzen.
Die Knödel im vorgeheizten Ofen bei 180 °C etwa 30 Minuten backen, bis die Oberseite knusprig braun ist.

Quark-Aprikosen-Knödel

500 g Quark
¼ l Milch
1 Ei
Salz
250 g Grieß
250 g Mehl
200 g Aprikosen

Quark, Milch, Ei und eine Prise Salz in einer Schüssel verrühren. Den Grieß und das Mehl unterkneten und den Teig 30 Minuten ruhen lassen.
Die Aprikosen halbieren und den Stein entfernen. Den Teig auf einer bemehlten Arbeitsfläche ausrollen und in Quadrate schneiden. Auf jedes Quadrat eine Aprikose setzen und zu einem Knödel rollen.
Reichlich Wasser mit etwas Salz in einem großen Topf zum Kochen bringen. Die Quark-Aprikosen-Knödel darin 20–25 Minuten garen.

Der Teig darf nicht klebrig sein, evtl. muss man etwas mehr Mehl unterkneten. Die Knödel können auch mit Zwetschgen oder Kirschen gefüllt werden.

Rosinenknödel

1 Handvoll Rosinen
250 g Quark
Salz
1 Ei
8 EL Grieß
60 ml Milch

Die Rosinen in Wasser einweichen und abgießen. Quark, eine Prise Salz, Ei, Grieß und Milch in eine Schüssel geben und zu einem Teig verkneten. Die Rosinen zufügen, den Teig noch einmal durchkneten und eine Stunde ruhen lassen. Den Teig teilen und auf einer bemehlten Arbeitsfläche zu zwei langen Knödeln formen. Reichlich Wasser mit etwas Salz in einem großen Topf zum Kochen bringen und die Knödel darin 25–30 Minuten garen. Die heißen Knödel mit Küchengarn in Scheiben schneiden.

Als Beilage zu Fleischgerichten bieten die Rosinenknödel einen geschmacklichen Kontrast. Man kann sie auch mit Zimt und Zucker oder Mohn bestreut servieren.

Powidlknödel

1 kg Kartoffeln
300 g Mehl
Salz
2 Eier
300 g Powidl
Würfelzucker

Die Kartoffeln schälen und in leicht gesalzenem Wasser 30 Minuten garen. Abgießen, heiß durch die Kartoffelpresse drücken und mit Mehl, einer Prise Salz und den Eiern verkneten. Aus dem Teig Knödel formen und jeweils mit einem Teelöffel Powidl und einem Stück Würfelzucker füllen. Die Knödel in kochendes Salzwasser geben und bei milder Hitze 5–7 Minuten garen. Mit einer Schaumkelle vorsichtig herausheben und abtropfen lassen.

Das Rezept für Powidl finden Sie auf Seite 74. Servieren Sie die Knödel mit zerlassener Butter und gemahlenem Mohn oder mit Zimt und Zucker.

Germknödel mit Powidlfüllung

¼ l Milch
30 g Hefe
500 g Mehl
70 g Zucker
1 Prise Salz
170 g Butter
1 Eigelb
1 Ei
1 Pck. Vanillezucker
300 g Powidl (Rezept Seite 74)
1 EL Rum
150 g Mohn, gemahlen

Die Milch in einem Topf erwärmen. Die Hefe mit etwas Mehl und dem Zucker in der lauwarmen Milch auflösen. Den Vorteig 10 Minuten gehen lassen.
Das restliche Mehl, das Salz, 70 g Butter, das Eigelb, das Ei und den Vanillezucker mit dem Vorteig zu einem Hefeteig verkneten. Zu einer Kugel formen, mit etwas Mehl bestäuben und zugedeckt an einem warmen Ort 30 Minuten gehen lassen.
Den Powidl mit dem Rum vermengen. Vom Hefeteig mit einem Löffel Nocken abstechen, mit der Hand flachdrücken, einen Teelöffel Powidl in die Mitte geben und den Teig zu einem Knödel formen. Die Germknödel auf einem bemehlten Brett nochmals 15 Minuten gehen lassen. Im Dampfgarer 12–15 Minuten garen. Die restliche Butter zerlassen. Die Knödel damit beträufeln und mit Mohn bestreuen.

Man kann die Knödel auch in einem großen Topf in leicht gesalzenem Wasser garen. Sobald das Wasser kocht, die Knödel hineingeben, die Temperatur auf die kleinste Stufe stellen und die Knödel etwa 20 Minuten im geschlossenen Topf ziehen lassen. Dabei einmal wenden. Mit einer Schaumkelle herausnehmen.
Auch im Backofen kann man Germknödel dämpfen: auf die oberste und unterste Schiene ein Backblech mit Wasser schieben, den Ofen auf 100 °C aufheizen und warten bis es richtig dampft. Die Knödel auf einem mit Backpapier ausgelegtem Gitterrost verteilen und im Ofen 15–20 Minuten dämpfen.

Beilagen und Gemüse

Mehlspatzen

300 g Mehl
Salz
1 Prise Muskatnuss
1 Ei

Das Mehl in eine Schüssel sieben. Eine Prise Salz und Muskatnuss untermischen. Das Ei und 2–3 Tassen Wasser unterkneten und alles so lange mit der Hand schlagen, bis der Teig Blasen wirft. Der Teig sollte zäh, aber nicht zu fest sein.
Reichlich Salzwasser in einem großen Topf zum Kochen bringen. Mit einem Teelöffel kleine Nocken vom Teig abstechen und in das Wasser legen.
Die Hitze reduzieren und die Mehlspatzen etwa 10 Minuten ziehen lassen.

Fleckerl *(Grundrezept für 6 Portionen)*

600 g Mehl
6 Eier

Das Mehl in eine Schüssel sieben und mit den Eiern zu einem Nudelteig verkneten. Zugedeckt eine Stunde ruhen lassen.
Den Teig in fünf Portionen teilen, auf einer leicht bemehlten Arbeitsfläche dünn ausrollen und 30 Minuten trocknen lassen.
Aus dem Teig etwa 1 x 1 cm große Quadrate schneiden. Reichlich Wasser mit etwas Salz zum Kochen bringen und die Fleckerl darin in leicht gesalzenem Wasser in 5 Minuten bissfest garen.

Fleckerl finden nicht nur als Beilage Verwendung, sondern auch als Suppeneinlage oder mit verschiedenen Zutaten verfeinert als Hauptgericht: Schinkenfleckerl, Krautfleckerl, Pilzfleckerl …

Bandnudeln

300 g Mehl
3 Eier
1 Prise Salz

Das Mehl in eine Schüssel sieben. Mit dem Salz, den Eiern und 2 EL Wasser zu einem glatten, festen Teig verkneten. Den Teig in 4 Portionen teilen, jeweils sehr dünn ausrollen und 30 Minuten trocknen lassen. Aus den Teigplatten Bandnudeln schneiden und nochmals eine Stunde trocknen lassen.
Reichlich Wasser mit etwas Salz zum Kochen bringen. Die Nudeln zufügen und etwa 5 Minuten garen.

Bandnudeln schmecken zu Paprikagulasch (Rezept Seite 25) oder zu Rinderrouladen (Rezept Seite 33).

Kartoffelpuffer

1 kg Kartoffeln
2 Knoblauchzehen
4–5 EL Mehl
2 Eier
100 ml Milch
1 TL Majoran
1 TL Salz
Öl

Die Kartoffeln schälen, in eine Schüssel reiben und gut ausdrücken. Den Knoblauch abziehen und durch die Presse drücken. Kartoffeln, Mehl, Eier, Milch, Majoran, Salz und Knoblauch zu einem Teig verarbeiten. Falls der Teig zu dünnflüssig ist kann man noch etwas Mehl untermischen.
Reichlich Öl in einer Pfanne erhitzen. Den Teig portionsweise zufügen, jeweils zu einem etwa 10 cm großen Kartoffelpuffer glatt streichen und von beiden Seiten goldbraun braten.

Aus der Beilage Kartoffelpuffer lässt sich im Handumdrehen ein vollwertiges Gericht zaubern: Man bäckt einen Kartoffelpuffer auf einer Seite, legt ein gesalzenes und gepfeffertes Schnitzel darauf und bedeckt es mit einem zweiten Kartoffelpuffer. Unter mehrmaligem Wenden werden die Kartoffelpuffer fertig gebacken und das Schnitzel im Teig gar. Dazu serviert man Apfel-Karotten-Salat (Rezept Seite 68).

Kartoffelsalat (6 Portionen)

1 kg Kartoffeln
2 Eier
200 g Gewürzgurken
1 Zwiebel
Salz
Pfeffer
4 EL Öl
5 EL Gewürzgurkenwasser
Weißweinessig

Die Kartoffeln in reichlich Wasser garen. Die Eier hart kochen, abschrecken und pellen. Die Kartoffeln schälen und in kleine Stücke schneiden. Die Eier und die abgetropften Gewürzgurken würfeln. Die Zwiebel abziehen und fein hacken.
Kartoffeln, Eier, Gurken und Zwiebel in einer Schüssel vermischen, Mit Salz und Pfeffer würzen. Das Öl und das Gurkenwasser unterheben. Den Salat mit einigen Tropfen Essig abschmecken.

Skubanken

1 kg Kartoffeln
150 g Butter
100 g Mehl
1 Prise Salz
6 EL Sahne
Öl

Die Kartoffeln schälen, in einen Topf geben und mit kaltem, leicht gesalzenem Wasser bedecken. Das Wasser zum Kochen bringen und die Kartoffeln etwa 30 Minuten garen. Das Wasser abgießen und die Kartoffeln etwas abkühlen lassen.
Die Butter in einer Pfanne zerlassen. Die Kartoffeln zerstampfen. Mit Mehl, Butter, Salz und Sahne verkneten.
Etwas Öl in einer Pfanne erhitzen. Mit einem Esslöffel Nockerl vom Kartoffelteig abstechen und portionsweise im Öl ausbacken.

Kartoffelpüree

1 kg Kartoffeln
Salz
¼ l Milch
60 g Butter
2 kleine Zwiebeln

Die Kartoffeln schälen, vierteln, in einen Topf geben und mit kaltem, leicht gesalzenem Wasser bedecken. Das Wasser zum Kochen bringen und die Kartoffeln 20–25 Minuten garen.
Die Milch zum Kochen bringen.
Das Wasser abgießen und die Kartoffeln zerstampfen. Die Hälfte der Butter und die Milch unterrühren.
Die Zwiebeln abziehen und in feine Ringe schneiden. Die restliche Butter in einer Pfanne erhitzen und die Zwiebeln darin goldbraun rösten.
Das Kartoffelpüree in eine Schüssel geben und mit den Zwiebelringen garnieren.

Champignons mit Tatarsoße

16 mittelgroße Champignons
2 Eier
4 EL Mehl
1 Prise Salz
8 EL Semmelbrösel
Öl

Für die Tatarsoße:
2 kleine Zwiebeln
6 Gewürzgurken
7 EL Mayonnaise
Salz
Pfeffer
Zitronensaft

Die Champignons putzen und abreiben. Eier, Mehl und Salz verquirlen. Die Pilze in der Eimischung und dann in den Semmelbröseln wälzen, bis sie gleichmäßig mit Panade bedeckt sind.
Für die Tatarsoße die Zwiebeln abziehen und fein hacken. Die Gurken ebenfalls fein hacken und mit den Zwiebeln in eine Schüssel geben. Die Mayonnaise unterrühren und die Soße mit Salz, Pfeffer und einigen Tropfen Zitronensaft abschmecken.
Reichlich Öl in einer tiefen Pfanne erhitzen und die Champignons ringsum goldbraun braten.
Auf vier Tellern anrichten und mit der Tatarsoße servieren.

Zwiebelpüree

500 g Zwiebeln
2 Knoblauchzehen
60 g Butter
1 EL Mehl
⅛ l Fleischbrühe
Salz
Pfeffer
Zucker
Muskatnuss
Zitronensaft
125 g Sahne

Zwiebeln und Knoblauch abziehen und fein hacken. Die Butter in einem Topf erhitzen und das Gemüse darin glasig dünsten. Mit dem Mehl bestäuben und mit der Brühe auffüllen.
Die Zwiebeln bei mittlerer Hitze weich dünsten. Durch ein Sieb streichen oder im Mixer pürieren und das Püree nochmals erhitzen.
Mit Salz, Pfeffer, Zucker, Muskatnuss und Zitronensaft pikant abschmecken. Die Sahne steif schlagen und unter das Püree heben.

Sauerkraut

1 Weißkohlkopf
2 EL Kümmel
3 EL Mehl
4 Zwiebeln
2 EL Schmalz
Salz
Apfelessig

Den Kohlkopf waschen, halbieren, den Strunk entfernen und den Kohl in feine Streifen schneiden. In einen großen Topf geben und zur Hälfte mit Wasser bedecken. Reichlich Kümmel darüberstreuen und so lange kochen, bis sich die dicksten Stücke leicht mit dem Finger zerdrücken lassen. Es sollte noch ein Viertel der Flüssigkeit im Topf sein.
Das Kraut mit einem Stampfer zu einer breiigen Masse zerdrücken.
Das Mehl in eine kleine Schüssel sieben und so viel Wasser unterrühren, dass eine zähflüssige Masse entsteht. Die Mischung unter das Kraut rühren.
Die Zwiebeln abziehen und fein hacken. Das Schmalz in einem Topf erhitzen und die Zwiebeln darin bei milder Hitze goldbraun rösten. Die Zwiebeln unter das Kraut mischen. Mit Salz und etwas Essig abschmecken.

Eine besondere Note erhält das Sauerkraut, wenn man 100 g klein geschnittenen, durchwachsenen Speck hinzufügt.

Erbsen mit Zwiebeln und Speck

750 g Erbsen
3 Zwiebeln
250 g durchwachsener Speck
60 g Schmalz
2 EL glatte Petersilie, gehackt
2 EL Kerbel, gehackt
1 TL Honig
Salz
Pfeffer

Die Erbsen enthülsen. Die Zwiebeln abziehen und fein würfeln. Den Speck klein schneiden.
Das Schmalz in einem Topf erhitzen. Zwiebeln und Speck darin glasig dünsten.
Die Erbsen unterheben. Nach 5 Minuten die Petersilie, den Kerbel und den Honig untermischen. Die Erbsen im zugedeckten Topf etwa 20 Minuten unter gelegentlichem Rühren garen. Vor dem Servieren mit Salz und Pfeffer abschmecken.

Blumenkohl mit Rührei

1 Blumenkohl
Salz
1 TL Butter
4 Eier

Den Blumenkohl putzen, waschen und in kleine Röschen teilen. Reichlich Wasser mit etwas Salz in einem Topf zum Kochen bringen. Den Blumenkohl darin etwa 15 Minuten garen und abgießen.
Die Butter in einem Topf zerlassen. Den Blumenkohl zufügen und unter Rühren ringsum anbraten. Die Eier unterrühren und mit Salz abschmecken. So lange rühren, bis die Eier stocken.

Osterfüllung

3 altbackene Brötchen
350 g Rauchfleisch, gekocht
1 Handvoll junge Brennnesseln
2 Eier
200 ml Milch
Salz, Pfeffer
Muskatnuss
50 g Semmelbrösel
50 g Butter

Die Brötchen und das Rauchfleisch würfeln. Die Brennnesseln fein hacken. Brötchen, Eier und Milch in einer Schüssel vermischen. Das Fleisch unterheben. Mit Salz, Pfeffer und Muskatnuss würzen. Semmelbrösel und Brennnesseln untermischen. Eine Kastenform mit der Butter einfetten. Die Osterfüllung hineingeben und im vorgeheizten Ofen bei 150 °C etwa 30 Minuten backen.

Die Osterfüllung ist eine traditionelle Speise, die auf keinem Ostertisch in Böhmen fehlen darf. Ursprünglich diente sie zum Füllen beispielsweise von Backhuhn. Im Lauf der Zeit hat sie sich jedoch zur Beilage für Fleischgerichte oder schmalzige Mehlspeisen entwickelt.

Panierter Sellerie

2 Eier
4 EL Mehl
1 Prise Salz
4 kleine Sellerie-knollen
2 EL Semmelbrösel
Öl

Die Eier mit dem Mehl und dem Salz zu einem dünnflüssigen Teig verquirlen.
Die Sellerieknollen putzen, in 1 cm dicke Scheiben schneiden und in kochendem Salzwasser 3 Minuten blanchieren. Mit einer Schaumkelle herausnehmen und abtropfen lassen.
Die Selleriescheiben im Teig und anschließend in den Semmelbröseln wenden, sodass sie ringsum mit Panade bedeckt sind. Reichlich Öl in einer großen Pfanne erhitzen und die Selleriescheiben darin goldbraun backen.

Mit Kartoffelbrei oder Salzkartoffeln serviert, wird aus der Beilage ein Hauptgericht, zu dem die Tatarsoße (Rezept Seite 62) nicht fehlen darf.

Kohlrabigemüse (2 Portionen)

2 kleine Kohlrabi
Salz
1 Würfel Gemüse-brühe
30 g Butter
1 EL Mehl
Pfeffer
Paprikapulver, edel-süß
Muskatnuss
2 EL Sahne

Die Kohlrabi schälen, halbieren und in Scheiben schneiden. In einen Topf geben und mit leicht gesalzenem Wasser bedecken. Das Wasser zum Kochen bringen, den Brühwürfel zufügen und die Kohlrabischeiben 3 Minuten blanchieren. Die Brühe durch ein Sieb gießen und auffangen.
Aus Butter und Mehl in einem Topf eine Mehlschwitze bereiten. Die Brühe unterrühren. Mit Salz, Pfeffer, Paprikapulver und Muskatnuss abschmecken. Die Sahne unterrühren. Die Kohlrabischeiben zufügen und weitere 5 Minuten garen.

Tomatensoße

2 kleine Zwiebeln
½ Bund Suppengrün
80 g Butter
80 g Mehl
1 Lorbeerblatt
5 Pfefferkörner
5 Pimentkörner
6 EL Tomatenmark
4 EL saure Sahne
Salz, Zucker
Zitronensaft

Die Zwiebeln abziehen und fein hacken. Das Suppengrün putzen und klein schneiden.
Die Butter in einem Topf zerlassen, das Mehl darüberstäuben und ½ l Wasser angießen. Lorbeerblatt, Pfeffer- und Pimentkörner zufügen und alles 20 Minuten köcheln lassen.
Das Tomatenmark und die saure Sahne unterrühren.
Die Soße passieren und mit Salz, Zucker und Zitronensaft abschmecken.

Die Tomatensoße gibt Grießknödeln (Rezept Seite 52) den richtigen Pfiff.

Powidlsoße

30 g Butter
1 EL Mehl
200 g Powidl
(Rezept Seite 74)
20 g Zucker
1 Prise Salz
1 Prise Zimt
½ TL abgeriebene
Zitronenschale
1 TL Rum

Die Butter in einem Topf zerlassen. Das Mehl unterrühren. Etwas Wasser angießen und den Powidl unterheben.
Die Soße mit Zucker, Salz, Zimt und Zitronenschale abschmecken und einmal aufkochen lassen.
Den Rum unterziehen und die Soße evtl. mit etwas Wasser verdünnen.

Die Powidlsoße passt sehr gut zu Grießknödeln (Rezept Seite 52) oder Buchteln (Rezept Seite 73)

Apfel-Karotten-Salat

4 Karotten
4 Äpfel
Saft von einer Zitrone
2 EL Öl
½ TL Honig

Die Karotten schälen und reiben. Die Äpfel schälen, vierteln, die Kerngehäuse entfernen und die Früchte ebenfalls reiben.
Karotten und Äpfel in einer Schüssel mischen. Aus Zitronensaft, Öl und Honig eine Marinade bereiten und unter den Salat mischen.

Krautsalat

1 Weißkohlkopf
1 Zwiebel
2 EL Griebenschmalz
⅛ l Essig
2 EL Öl
2 EL Petersilie, fein gehackt
1 EL Zucker
Salz, Pfeffer
Kümmel

Den Weißkohl waschen, halbieren, den Strunk entfernen und den Kohlkopf in feine Streifen hobeln. Die Zwiebel abziehen und fein hacken. Das Schmalz in einem Topf erhitzen. Weißkraut und Zwiebel darin 10 Minuten dünsten. In eine Schüssel umfüllen. Aus ⅛ l Wasser, dem Essig und dem Öl eine Marinade bereiten. Petersilie und Zucker untermischen. Mit Salz, Pfeffer und Kümmel abschmecken und die Marinade über das Kraut gießen. Gut verrühren und den Salat einen Tag im Kühlschrank ziehen lassen.

Gurkensalat

2 Salatgurken
Salz
2 Knoblauchzehen
3 EL Weißweinessig
200 g saure Sahne
1 TL Senf
1 TL Zucker
Pfeffer
Paprikapulver

Die Gurken schälen, halbieren, mit einem Esslöffel entkernen und in feine Scheiben schneiden. In eine Schüssel geben, leicht salzen und 20 Minuten ziehen lassen. Den Knoblauch abziehen und durch die Presse drücken. Essig, saure Sahne, Knoblauch, Senf und Zucker in einer Schüssel verrühren. Mit Salz, Pfeffer und Paprikapulver abschmecken.
Die Marinade unter die Gurken rühren und den Salat nochmals kurz ziehen lassen.

Das böhmische Dorf (von Christian Morgenstern)

Palmström reist, mit einem Herrn v. Korf,
in ein sogenanntes böhmisches Dorf.

Unverständlich bleibt ihm alles dort,
von dem ersten bis zum letzten Wort.

Auch v. Korf (der nur des Reimes wegen
ihn begleitet) ist um Rat verlegen.

Doch just dieses macht ihn blass vor Glück.
Tief entzückt kehrt unser Freund zurück.

Und er schreibt in seine Wochenchronik:
Wieder ein Erlebnis, voll von Honig!

Was bedeutet eigentlich die Redensart „Das sind für mich böhmische Dörfer" und woher kommt sie? Der Satz bringt größtes Unverständnis zum Ausdruck, seine Bedeutung geht auf die Zeit des Dreißigjährigen Krieges zurück: Die Söldnerheere, die durch Deutschland und Europa zogen, hatten oft Schwierigkeiten die slawischen Ortsnamen im damaligen Königreich Böhmen zu verstehen, dem Hauptkriegsschauplatz zu Beginn des Krieges. Die Namen klangen nicht nur fremdartig, sondern waren kaum auszusprechen und ebenso unverständlich.

Süßspeisen

Hefe-Liwanzen

¾ l Milch
1 Würfel Hefe
1 EL Zucker
300 g Mehl
1 Ei
1 Prise Salz
Öl
Zimt
Zucker

Die Milch in einem Topf erwärmen. Etwas Milch in eine Tasse geben. Mit der Hefe, dem Zucker und einem Esslöffel Mehl verrühren und zugedeckt an einem warmen Ort 15 Minuten gehen lassen.
Das restliche Mehl, die übrige Milch, das Ei, das Salz und den Vorteig zu einem dünnflüssigen Teig verarbeiten.
Den Teig zugedeckt 30 Minuten an einem warmen Ort gehen lassen.
Etwas Öl in einer Pfanne erhitzen und den Teig löffelweise hineingeben. Die Liwanzen von beiden Seiten knusprig braun backen. Herausnehmen und abtropfen lassen. Mit Zimt und Zucker bestreuen.

Zu den Hefe-Liwanzen schmeckt Obst oder Kompott, garniert mit Schlagsahne.

Kartoffel-Liwanzen

750 g Kartoffeln
2 Eier
1 Prise Salz
½ l Milch
1 Prise Zucker
10 g Hefe
Öl

Die Kartoffeln schälen, reiben und gut ausdrücken. Das Kartoffelwasser stehen lassen und die Stärke, die sich absetzt, unter die Kartoffeln rühren. Die Eier verquirlen und mit dem Salz unterziehen.
Die Milch in einem Topf erwärmen. Den Zucker und die Hefe darin auflösen. Mit den Kartoffeln vermischen, sodass ein dünnflüssiger Teig entsteht. Den Teig zugedeckt 30 Minuten an einem warmen Ort gehen lassen.
Etwas Öl in einer Pfanne erhitzen und den Teig löffelweise hineingeben. Die Liwanzen von beiden Seiten knusprig braun backen.

Eier-Liwanzen

4 Eier
300 g Sahne
1 Prise Salz
160 g Mehl
Öl

Die Eier trennen. Die Eiweiße zu steifem Schnee schlagen. Die Eigelbe mit der Sahne und dem Salz verquirlen. Das Mehl und den Eischnee unterziehen. Etwas Öl in einer Pfanne erhitzen und den Teig löffelweise hineingeben. Die Liwanzen von beiden Seiten knusprig braun backen.

Perfekte Küchlein lassen sich mit einer speziellen Liwanzenpfanne backen, die man im Internet bestellen kann oder im gut sortierten Fachhandel erhält.

Dalken

350 ml Milch
50 g Zucker
½ Würfel Hefe
500 g Mehl
1 Eigelb
50 g Butter
1 Prise Salz
Schmalz

Die Milch in einem Topf erwärmen. Einen Teelöffel Zucker, die Hefe und einen Teelöffel Mehl mit der Hälfte der Milch verrühren. Den Vorteig zugedeckt an einem warmen Ort kurz gehen lassen.
Inzwischen das Eigelb verquirlen und die Butter zerlassen. Das verbliebene Mehl, das Salz, den übrigen Zucker, die restliche Milch, das Eigelb und die Butter mit dem Vorteig zu einem glatten Teig verarbeiten. Zugedeckt an einem warmen Ort gehen lassen, bis der Teig die doppelte Größe hat.
Den Teig auf einer bemehlten Arbeitsfläche fingerdick ausrollen. Mit einer Tasse Kreise ausstechen, auf ein bemehltes Küchentuch legen und 15 Minuten gehen lassen, dabei einmal wenden.
Reichlich Schmalz in einer Pfanne erhitzen und den Teig löffelweise hineingeben. Die Dalken von beiden Seiten goldbraun backen.

Dalken werden traditionell mit Powidl (Rezept Seite 74) und Sahne serviert.

Buchteln

100 g Butter
¼ l Milch
25 g Hefe
50 g Zucker
Salz
500 g Mehl
3 Eigelbe
2 EL Öl

Die Butter in einem Topf zerlassen. Die Milch unterrühren. Die Hefe mit dem Zucker und einer Prise Salz darin auflösen und den Vorteig zugedeckt an einem warmen Ort 15 Minuten gehen lassen.
Das Mehl in eine Schüssel sieben. Mit dem Vorteig und den Eigelben zu einem glatten Teig verkneten. Zugedeckt an einem warmen Ort 30 Minuten gehen lassen.
Den Teig auf einer bemehlten Arbeitsfläche 1 cm dünn ausrollen. Mit einer Tasse Kreise ausstechen, in eine gefettete Auflaufform setzen und zugedeckt an einem warmen Ort 30 Minuten gehen lassen.
Die Buchteln mit dem Öl bestreichen und 30 Minuten im vorgeheizten Ofen bei 200 °C backen.

Palatschinken

2 Eier
150 g Mehl
1 Prise Salz
1 Pck. Vanillezucker
1 EL Zucker
300 ml Milch
100 ml Mineralwasser mit Kohlensäure
Öl

Die Zutaten gut verrühren und den Teig 10 Minuten ruhen lassen.
Etwas Öl in einer Pfanne verteilen und bei mittlerer Hitze heiß werden lassen. Einen kleinen Schöpfer Teig in die Pfanne geben und durch Schwenken dünn in der Pfanne verteilen. Auf beiden Seiten etwa 2 Minuten goldgelb backen.
Den Palatschinken aus der Pfanne nehmen und warm stellen. Mit dem übrigen Teig 7 weitere Palatschinken backen.

Palatschinken schmecken mit süßer oder herzhafter Füllung. Ob man sich für Marmelade, Eis, Powidl, Schinken oder Gemüse entscheidet, ein Hochgenuss ist stets garantiert.

Pofesen

8 Scheiben Weißbrot, etwa 1 cm dick
2 EL Powidl
1 Vanilleschote
¼ l Milch
1 Pck. Vanillezucker
1 EL Zucker
1 Prise Salz
3 Eier
500 g Butterschmalz
1 TL Zimt
2 EL Zucker

4 Brotscheiben entrinden und dick mit Powidl bestreichen. Die restlichen Brotscheiben darauflegen. Die Vanilleschote aufschlitzen und das Mark herauskratzen. Milch, Vanillemark, Vanillezucker, Zucker und Salz verrühren. Die Eier verquirlen.
Das Butterschmalz in einem Topf erhitzen. Die Pofesen durch die Milchmischung und die Eier ziehen und sofort im heißen Butterschmalz schwimmend goldgelb backen. Auf Küchenpapier gut abtropfen lassen.
Den Zimt mit dem Zucker vermischen und über die Pofesen streuen.

Powidl

5 kg Zwetschgen

Die Zwetschgen 30 Sekunden in kochendes Wasser legen, abschrecken, die Haut abziehen und den Stein entfernen.
Die Früchte in einen Topf geben und unter ständigem Rühren zum Kochen bringen. Die Zwetschgen bei milder Hitze unter Rühren 6–9 Stunden zu Mus kochen. Der Powidl ist fertig, wenn er dick vom Löffel tropft.
Den Powidl in luftdichte Gläser füllen und fest verschließen.

Echter Powidl wird ohne Zucker zubereitet. Man kann ihn jedoch mit etwas Vanille oder Muskatnuss verfeinern. Wenn Sie die sauberen Gläser und Deckel mit Rum ausschwenken, desinfiziert das nicht nur, sondern verlängert auch die Haltbarkeit des Muses und verleiht dem Powidl ein besonderes Aroma.

Reisauflauf

1 unbehandelte Orange
¾ l Milch
70 g Butter
60 g Zucker
1 Prise Salz
200 g Rundkornreis
3 Eier
1 TL Rum
30 g Semmelbrösel
80 g Aprikosenmarmelade
100 g Puderzucker
1 Pck. Vanillezucker
50 g Mandelblättchen

Die Orangenschale abreiben und die Frucht auspressen. Milch, 50 g Butter, Zucker, Orangenschale und Salz in einem Topf aufkochen. Den Reis zufügen, dick einkochen und auskühlen lassen.
Die Eier trennen. Den Reis mit den Eigelben, dem Rum und dem Orangensaft gut vermischen.
Eine Auflaufform mit der restlichen Butter einfetten und mit den Semmelbröseln bestreuen. Die Marmelade bei milder Hitze in einem Topf erwärmen. Die Hälfte der Reismischung in die Auflaufform füllen und mit der Marmelade bestreichen. Den restlichen Reis darauf verteilen, glatt streichen und den Auflauf im vorgeheizten Ofen bei 180 °C etwa 30 Minuten backen.
Die Eiweiße mit dem Puder- und dem Vanillezucker steif schlagen. Den Eischnee auf den Auflauf streichen, mit den Mandelblättchen bestreuen und weitere 5–10 Minuten backen.

Rahmküchlein

4 Eier
80 g Zucker
150 g saure Sahne
1 Prise Salz
100 g Mehl
1 EL Öl
1 EL Butter
Puderzucker

Die Eier trennen. Die Eiweiße mit dem Zucker zu nicht allzu steifem Schnee schlagen. Eigelbe, Sahne, Salz und Mehl in einer Schüssel verrühren. Den Eischnee unterheben.
Öl und Butter in einer Pfanne auf mittlerer Stufe erhitzen. Pro Küchlein zwei Esslöffel Teig hineingeben und goldgelb backen. Herausnehmen, abtropfen lassen und mit Puderzucker bestäuben.

Mit roter Grütze oder Kompott serviert, schmecken die Küchlein besonders lecker.

Apfelstrudel

300 g Mehl
2 Eigelbe
110 g Butter
1 Prise Salz
1½ kg Äpfel
1 altbackenes Brötchen
2 EL Zucker
1 TL Zimt
50 g Mandelblättchen
1 Handvoll Rosinen
Puderzucker

Das Mehl in eine Schüssel sieben. Die Eigelbe, ⅛ l lauwarmes Wasser, 10 g Butter und das Salz zufügen. Alles zu einem glatten Teig verkneten. Den Teig zu einer Kugel rollen, in Alufolie wickeln und 30 Minuten im Kühlschrank ruhen lassen.

Die Äpfel schälen, halbieren und das Kerngehäuse entfernen. Die Hälften grob raspeln. Das Brötchen reiben.

6 EL Butter in einem Topf zerlassen. Den Teig auf einem mit Mehl bestäubten Geschirrtuch hauchdünn ausrollen und mit den Semmelbröseln bestreuen. Äpfel, Zimt, Zucker, Rosinen und die flüssige Butter in einer Schüssel vermischen.

Die Mischung auf dem Teig verteilen und mit den Mandelblättchen bestreuen. Den Teig mithilfe des Geschirrtuchs zu einem länglichen Strudel rollen. Die Enden zusammendrücken und hochklappen.

Den Strudel auf ein gefettetes Backblech legen und im vorgeheizten Ofen bei 180 °C etwa 25 Minuten goldbraun backen.

Die restliche Butter in einer Pfanne zerlassen. Den Apfelstrudel aus dem Ofen nehmen, mit der Butter bestreichen und mit Puderzucker bestäuben. Etwas abkühlen lassen und lauwarm servieren.

Semmelauflauf

2 altbackene Brötchen
¼ l Milch
1 Apfel
1 Handvoll Rosinen
2 EL Zucker
1 TL Zimt
1 Ei
Butter

Die Brötchen in 1 cm dicke Scheiben schneiden und in der Milch wenden. Die Hälfte der Brötchenscheiben in eine mit Butter gefettete Auflaufform legen.
Den Apfel halbieren und das Kerngehäuse entfernen. Die Apfelhälften grob raspeln und über die Brötchen verteilen. Mit Rosinen, Zucker und Zimt bestreuen. Die restlichen Brötchenscheiben darauflegen.
Das Ei verquirlen. Den Auflauf mit dem Ei und der Milch übergießen und im vorgeheizten Ofen bei 200 °C etwa 20 Minuten goldbraun backen.

Der Taucher (frei nach Friedrich Schiller)

Der Kenich Premysl von die Ribisl
haltet Hof in der Frieh bißl,
sitzt am Thron an der Moldau Strand
und hat gläsernes Glasl in Hand.
Hinter ihm, reihenweis, Wadl an Wadl
sitzt voll Erwartung der behmische Adl.

Pletzenlich schmeißt er das Glasl in Flut
und sagt: „Wer den Pokal z'ruckbringen tut,
dem fill ich das Glasl mit Slibowitz,
und er kriegt neben meiner den Ehrensitz!"

Man hört nur der Moldau ihr leises Gebrause,
der Kenich aber sagt nach längerer Pause:
„No, was is? Vielleicht möcht' sich ein Held mir zeigen?"
Doch es riert sich keiner von diese Feigen.

Auf einmal kommt daher ums Eck
ein g'wisser Wenzel Wondraschek,
hängt sich um Hals ein Blasl von Schwein
und hupft in die Strömung hinein.

Dem Kenich sein' Tochter spricht:
„So was macht man doch nicht!"
Drauf sagt ihr der Papa nur: „Prosim,
wenn der Wenzel will tauchen, dann loß ihm."

Auf einmal teilt sich die Flut auseinand',
man sieht erst ein Glasl und potom a Hand,
dann den Wondraschek, voll mit ganz schlammige Streifel,
der tritt vor den Kenich und sagt dann: „Pfui, Teifel,
da drunten sind Seehunderln, Mandel und Weibel,
die sind alle bissig und greßer wia Keibel.
Herr Kenich, da spring ich nie wieder rein,
und mecht' auch die Moldau Powidl sein."

Doch der Kenich schmeißt Glasl noch einmal in Fluss,
sagt: „Wenzl, du hörst einen ernsten Entschluss:
Du wirst noch einmal in Moldau springen,
wirst mir Glasl samt Seeweibel bringen,
dann kriegst meiner Tochter Ruzicka Hand
und wirst Kenich von ganzem Behmerland."

Die Ruzicka kriegt ein ganz weiches Gfiel,
sie sagt: „Vater, lass ab von das grausame Spiel!"
Der Kenich aber hat an steinharten Schädel
und hört nicht auf Einwurf des Mädel.

Drauf macht sie an Schrei und wird blasser –
bums, Wenzl hupfte in Wasser.
Aber da fahrte a behmische Haifisch ums Eck
und schnappte den armen Wondraschek.
Aber eigentlich muss ma arme Haifisch sagen,
weil Wenzl liegt im sicher heit noch im Magen.

Gebäck, Kuchen und Torten

Kolatschen

Für den Teig:
½ l Milch
150 g Zucker
1 Würfel Hefe
1 kg Mehl
150 g Öl
1 TL Salz
4 Eigelbe

Für die Füllung:
250 g Quark
80 g Zucker
1 Eigelb
Powidl
Mandeln
Rosinen
1 Ei

Die Milch in einem Topf erwärmen und in eine Schüssel geben. Einen Esslöffel Zucker und die Hefe darin auflösen und den Vorteig zugedeckt an einem warmen Ort einige Minuten gehen lassen.
Mehl, restlichen Zucker, Öl, Salz und Eigelbe zur Milchmischung geben. Alles zu einem geschmeidigen Teig verkneten. (Wenn der Teig an der Schüssel klebt, noch etwas Mehl zufügen.) Den Teig zugedeckt 1–2 Stunden an einem warmen Ort gehen lassen, bis sich sein Volumen verdoppelt hat.
Für die Füllung den Quark mit dem Zucker und dem Eigelb in einer Schüssel verrühren.
Den Hefeteig auf einer bemehlten Arbeitsfläche dünn ausrollen. Mit einem Glas Kreise ausstechen und mit dem Glasboden die Mitte der Teigkreise leicht eindrücken, sodass ein Rand entsteht.
Ein Backblech mit Backpapier auslegen. Die Kolatschen daraufsetzen und mit Powidl oder Quark bestreichen. Die Powidlkolatschen mit Mandeln, die Quarkkolatschen mit Rosinen verzieren.
Das Ei verquirlen und die Teigränder damit bestreichen.
Die Kolatschen im vorgeheizten Ofen bei 180 °C etwa 15 Minuten goldbraun backen.

Kolatschen werden in Böhmen zu besonderen Anlässen gebacken wie Hochzeit, Kirchweih oder Geburtstag.

Streuselteilchen

500 g Mehl
1 Würfel Hefe 20 g Butter
125 g Zucker
1 Prise Salz
250 ml Mineralwasser

Für die Streusel:
200 g Butter
220 g Zucker
300 g Mehl
3 Pck. Vanillezucker

Für den Guss:
100 g Puderzucker
2 EL Wasser

Das Mehl in eine große Schüssel sieben, in die Mitte eine Mulde drücken und die Hefe hineinbröckeln. Die Butter in einer Pfanne zerlassen. Zucker, Butter und Salz über dem Mehl verteilen und das Mineralwasser (es sollte Raumtemperatur haben) angießen. Alles zu einem geschmeidigen Teig verkneten und etwa eine Stunde an einem warmen Ort gehen lassen, bis sich sein Volumen verdoppelt hat.
Für die Streusel die Butter zerlassen. Den Zucker, das Mehl und den Vanillezucker in einer Schüssel mischen. Die Butter nach und nach zufügen, alles mit den Händen verkneten und zu groben Streuseln reiben.
Den Hefeteig in 15 Stücke teilen, gleichgroße Fladen ausrollen und mit den Streuseln belegen. Die Teilchen im vorgeheizten Ofen bei 200 °C etwa 15 Minuten backen.
Zwei Esslöffel Wasser mit dem Puderzucker verrühren und die warmen Teilchen damit bestreichen.

Man kann den Teig auch mit klein geschnittenen Äpfeln oder Birnen belegen und darüber die Streusel verteilen. Die Streusel erhalten eine besondere Note, wenn man sie mit Zimt, gemahlenen Nüssen oder backfertigem Mohn verfeinert.

Hefekipferl

½ Würfel Hefe
1 Prise Salz
⅛ l Milch
500 g Mehl
2 TL Zucker
1 Pck. Vanillezucker
250 g Schmalz
1 Ei
Marmelade
Puderzucker

Hefe und Salz in der Milch auflösen und 3 Stunden in den Kühlschrank stellen. Hefemilch, Mehl, Zucker, Vanillezucker, Schmalz und Ei zu einem Teig verkneten und 2 Stunden ruhen lassen.
Den Teig etwa 1 cm dünn ausrollen und daraus Kreise von etwa 8 cm Ø ausstechen. Jeweils einen Klecks Marmelade daraufgeben und zu Kipferl aufrollen. Auf ein mit Backpapier ausgelegtes Backblech setzen und im vorgeheizten Ofen bei 200 °C etwa 15 Minuten backen.
Die warmen Kipferl in Puderzucker wälzen.

Bublanina

170 g Mehl
½ Pck. Backpulver
3 Eier
140 g Butter
130 g Zucker
500 g Früchte
Puderzucker

150 g Mehl mit dem Backpulver in eine Schüssel sieben. Die Eier trennen. Die Eiweiße zu steifem Schnee schlagen. 120 g Butter mit dem Zucker schaumig rühren. Nach und nach die Eigelbe unterrühren. Das Mehl unterheben. Den Eischnee unterziehen. Ein Backblech mit hohem Rand mit der restlichen Butter einfetten und mit dem verbliebenen Mehl bestäuben. Den Teig darauf streichen und mit der gewünschten Obstsorte belegen.
Die Bublanina im vorgeheizten Ofen bei 180 °C etwa 30 Minuten backen. Herausnehmen, abkühlen lassen und mit Puderzucker bestäuben.

Die Bublanina ist ein Biskuitkuchen, der seinen Geschmack der jeweiligen Obstsorte verdankt. Als Belag eignen sich beispielsweise Kirschen, Erdbeeren, Pfirsichstückchen, Heidelbeeren oder Himbeeren.

Apfel-Walnuss-Kuchen

250 g Äpfel
6 Eier
250 g Zucker
75 g Grieß
1 EL Kakaopulver
120 g Walnüsse, gerieben
Marmelade
1 Pck. Kuvertüre

Die Äpfel halbieren, das Kerngehäuse entfernen und die Apfelhälften raspeln. Die Eier trennen. Die Eiweiße zu steifem Schnee schlagen. Die Eigelbe mit dem Zucker schaumig rühren. Den Grieß und das Kakaopulver unterrühren. Die Äpfel und die Walnüsse unterheben und den Eischnee unterziehen. Den Teig in eine Springform (26 cm Ø) füllen und im vorgeheizten Ofen bei 180 °C etwa 45 Minuten backen.
Den Kuchen nach dem Erkalten mit Marmelade bestreichen und mit Kuvertüre überziehen.

Rhabarber-Streusel-Kuchen

Für die Streusel:
125 g Butter
125 g Mehl
125 g Zucker

1 kg Rhabarber
20 g Butter
230 g Mehl
1 Pck. Backpulver
2 Eier
120 g Zucker
100 g Öl
¼ l Milch

Für die Streusel die Butter zerlassen. Das Mehl mit dem Zucker mischen. Die Butter nach und nach zufügen. Alles mit den Händen verkneten und zu Streuseln reiben.
Den Rhabarber putzen und in 1 cm große Stücke schneiden.
Ein Backblech mit hohem Rand mit der Butter einfetten und mit 10 g Mehl bestäuben.
Das restliche Mehl mit dem Backpulver in eine Schüssel sieben. Die Eier mit dem Zucker schaumig rühren. Öl, Milch und das Mehl unterrühren.
Den Teig auf das Backblech streichen. Die Rhabarberstücke darauf verteilen und die Streusel darüberstreuen. Den Kuchen im vorgeheizten Ofen bei 180 °C etwa 45 Minuten backen.

Gewürzkuchen

20 g Butter
1 kg Mehl
2 Pck. Backpulver
400 g Zucker
½ l Milch
200 ml Öl
4 EL Kakao
1 TL Lebkuchengewürz
100 g Mandelstifte

Ein Backblech mit hohem Rand mit der Butter einfetten und mit einem Esslöffel Mehl bestäuben.
Das restliche Mehl mit dem Backpulver in eine Schüssel sieben. Zucker, Milch, Öl, Kakao und Lebkuchengewürz zufügen und alles zu einem zähflüssigen Teig verkneten. Den Teig auf das Backblech streichen.
Mit den Mandelstiften bestreuen und im vorgeheizten Ofen bei 180 °C etwa 45 Minuten backen.

Man kann den Kuchen quer durchschneiden und mit Marmelade füllen.

Weihnachtsstriezel

350 ml Milch
275 g Butter
1 kg Mehl
200 g Zucker
1 Prise Salz
1½ Würfel Hefe
2 Eier
150 g Rosinen
150 g Mandelstifte
100 g Zitronat, fein gewürfelt
½ TL Anispulver
½ TL Muskatnuss
½ TL Zimt
abgeriebene Zitronenschale
4 EL Puderzucker

Die Milch in einem Topf erwärmen. 225 g Butter in einer Pfanne zerlassen. Mehl, Zucker und Salz in einer Schüssel mischen. Die Hefe in der lauwarmen Milch auflösen. Butter, Eier und Milch zum Mehl geben und alles zu einem glatten Teig verkneten. Nacheinander Rosinen, 100 g Mandelstifte, Zitronat, Anispulver, Muskatnuss, Zimt und Zitronenschale unterkneten. Den Teig zugedeckt an einem warmen Ort etwa 45 Minuten gehen lassen, bis sich sein Volumen verdoppelt hat.
Den Teig nochmals durchkneten, in neun gleich große Stücke teilen und auf einer bemehlten Arbeitsfläche zu gleich langen Strängen formen. Aus vier Strängen einen Zopf flechten und auf ein mit Backpapier ausgelegtes Backblech setzen. Aus drei Strängen einen Zopf flechten und auf den ersten Zopf legen. Die letzten beiden Stränge zu einem Zopf drehen und auf den zweiten Zopf legen.
Den Striezel 30 Minuten zugedeckt an einem warmen Ort gehen lassen.
Die restliche Butter zerlassen und den Striezel damit bestreichen. Mit den übrigen Mandelstiften bestreuen. Im vorgeheizten Backofen bei 180 °C etwa 70 Minuten goldbraun backen.
Den abgekühlten Weihnachtsstriezel mit Puderzucker bestäuben.

Damit die Zöpfe nicht verrutschen, kann man sie seitlich mit Zahnstochern stützen. Wenn der Striezel zu schnell bräunt, sollte man ihn mit Alufolie abdecken.

Weihnachten und der Striezel

Der „Vánočka", „Weihnachtsstriezel", hat eine lange Tradition und gehört auch heute noch zu den Festtagsleckereien. Erstmals erwähnt wird er im 16. Jahrhundert. Im Lauf der Jahrhunderte erfuhr er allerdings einige Veränderungen. Früher durften nur die Bäcker, also echte Zunfthandwerker, den Weihnachtsstriezel backen. Im 18. Jahrhundert hielt der Striezel schließlich Einzug in den heimischen Küchen. Das erste Stück war stets dem Hausherrn vorbehalten. Damit sollte im folgenden Jahr eine gute Ernte garantiert werden. In manchen Regionen Böhmens wurden auch an das Geflügel kleine Stücke Weihnachtsstriezel verfüttert, damit die Tiere gesund blieben.

Die Zubereitung des Weihnachtsstriezels erfordert Geschick. So blieb es nicht aus, dass sich beim Vorbereiten des Teiges, beim Backen und Flechten verschiedene Bräuche entwickelt haben, damit der Vánočka gelingt. So heißt es, die Bäckerin solle eine weiße Schürze und weiße Kleidung tragen und bei der Vorbereitung nicht sprechen. Während der Teig zum Aufgehen ruht, solle sie mehrmals in die Luft springen.

Zu den Bräuchen rund um den Vánočka gehört auch jener, ein Geldstück in den Striezel einzubacken. Wer das Stück mit dem Geld darin bekommt, dem sind im kommenden Jahr Gesundheit und Reichtum beschieden. Ein verbrannter oder missratener Striezel bringt dagegen Unglück.

Der Weihnachtsstriezel ist bis heute fester Bestandteil der Weihnachtsfeiertage, auch wenn er nicht immer selbst gebacken wird. Wahre Striezel-Backmeister verstehen es sogar, den Vánočka mit sechs oder sieben Zöpfen gleichzeitig zu flechten.

Vanillekipferl

280 g Mehl
220 g weiche Butter
200 g Puderzucker
110 g Mandeln, gerieben
etwas abgeriebene Zitronenschale
1 Pck. Vanillezucker

Das Mehl in eine Schüssel sieben. Die Butter in Stückchen schneiden. Die Hälfte des Puderzuckers, Mandeln, 200 g Butter und Zitronenschale zum Mehl geben und alles zu einem festen Teig verkneten. Den Teig zu einer Kugel rollen und 3 Stunden im Kühlschrank ruhen lassen.
Ein Backblech mit der restlichen Butter ausfetten. Jeweils ein Stück Teig auf einer bemehlten Arbeitsfläche zu einer etwa fingerdicken Rolle formen. Davon etwa 6 cm lange Stücke abteilen, zu Kipferl formen und nicht zu dicht auf das Backblech setzen. Die Vanillekipferl bei 180 °C im vorgeheizten Ofen etwa 10 Minuten backen.
Den restlichen Puderzucker mit dem Vanillezucker in einem Teller vermischen. Die Vanillekipferl aus dem Ofen nehmen, kurz abkühlen lassen und noch warm vorsichtig in der Puderzuckermischung wälzen.

Zu den böhmischen Weihnachtsbräuchen, die noch heute gepflegt werden, gehört natürlich das Plätzchenbacken. Oftmals in Vergessenheit geraten sind dagegen Bräuche, die zum Teil mit dem entbehrungsreichen und abgeschiedenen Leben der Menschen in Zusammenhang standen. So bekam das Vieh zum Beispiel am Heiligen Abend geweihtes Salz und Brot, bevor die Familie den oft stundenlangen Weg zur Mitternachtsmesse antrat. Auf dem Weg zur Kirche feuerte man Schüsse ab, um böse Geister von Haus und Hof zu vertreiben.

Schneeküsschen

- 4 Eiweiße
- 1 Prise Salz
- 125 g Zucker
- 1 EL Mehl
- 200 g Walnüsse, gehackt
- runde Backoblaten (5–6 cm Ø)

Die Eiweiße mit dem Salz zu steifem Schnee schlagen. Den Zucker nach und nach unterheben. Das Mehl mit den Walnüssen vermischen und vorsichtig unter den Eischnee ziehen.
Ein Backblech mit Backpapier auslegen und die Oblaten daraufsetzen. Die Walnussmasse in einen Spritzbeutel mit Lochtülle füllen und auf die Oblaten spritzen.
Die Schneeküsschen 30 Minuten an einem warmen Ort trocknen lassen. Im vorgeheizten Ofen bei 150 °C etwa 15 Minuten backen.

Honiglebkuchen

- 400 g Honig
- 2 EL Öl
- 500 g Mehl
- 1 EL Nelken, gemahlen
- 2 EL Zimt, gemahlen
- 1 Prise Salz
- 100 g Mandeln, gehackt
- 50 g Zitronat, klein geschnitten
- 3 Eier
- 10 g Pottasche
- 20 g Butter
- 100 g Mandeln, geschält

Den Honig und das Öl in einem Topf erwärmen, aber nicht kochen. Mehl, Gewürze, gehackte Mandeln und Zitronat in einer Schüssel mischen. Den flüssigen Honig, 2 verquirlte Eier und die in einem Esslöffel Wasser aufgelöste Pottasche zugeben. Alles zu einem Teig verkneten und eine Stunde zugedeckt ruhen lassen.
Ein Backblech mit der Butter einfetten. Den Teig auf einer bemehlten Arbeitsfläche ausrollen und auf das Backblech legen. Das restliche Ei verquirlen und den Teig damit bestreichen. Mit einem Messer einkerben, um die Lebkuchenstücke anzudeuten. Mit den Mandeln verzieren.
Die Honiglebkuchen bei 180 °C im vorgeheizten Ofen 35–40 Minuten backen. Kurz abkühlen lassen, in Stücke schneiden und auf ein Kuchengitter legen. In einer geschlossenen Dose aufbewahren.

Osterbrot

60 g Hefe
140 g Zucker
240 ml Milch
1 kg Mehl
220 g Butter
3 Eigelbe
1 Prise Salz
abgeriebene Schale von ½ Zitrone
200 g Rosinen
50 g Zitronat, fein gehackt
100 g Mandeln, gehackt

Die Hefe zerbröckeln. Mit etwas Zucker und etwas lauwarmer Milch verrühren. Das Mehl in eine Schüssel sieben. In die Mitte eine Vertiefung drücken, die aufgelöste Hefe hineingießen und mit etwas Mehl verrühren. Den Vorteig zugedeckt an einem warmen Ort 15 Minuten gehen lassen.
200 g Butter in Stückchen schneiden. In eine Schüssel geben und mit 2 verquirlten Eigelben sowie dem verbliebenen Zucker schaumig rühren.
Die Mischung unter den Vorteig kneten. Die restliche Milch, das Salz und die Zitronenschale untermengen. Den Teig kneten, bis er sich von der Schüssel löst.
Die Rosinen, das Zitronat und die Mandeln unterkneten.
Den Teig zu einem runden Laib formen und zugedeckt an einem warmen Ort etwa 30 Minuten gehen lassen.
Das restliche Eigelb in einer Tasse verquirlen, den Teig damit bestreichen und die Oberseite mit einem Messer kreuzförmig einritzen.
Ein Backblech mit der restlichen Butter einfetten. Den Laib auf das Backblech setzen und im vorgeheizten Ofen bei 200 °C etwa 50 Minuten backen.

Osterbräuche

Neben der Weihnachtszeit spielt auch Ostern eine wichtige Rolle in Böhmen. Viele Osterbräuche, die im Lauf der Jahrhunderte in Vergessenheit gerieten, erleben in den letzten Jahren eine wahre Renaissance, insbesondere in ländlichen Gebieten.

Bemalte Eier

Die Mädchen dekorieren die Ostereier und verschenken sie am Ostermontag an die Jungen. Es kommen unterschiedliche Techniken beim Verzieren der Eier zum Einsatz und man greift auf verschiedene Materialien zurück, wie zum Beispiel Stroh, Wasserfarben, Bienenwachs und Zwiebelschalen. In vielen böhmischen Städten werden sogar Osterei-Schönheitswettbewerbe abgehalten.

Peitschen

Zarte frische Weidenzweige sollen all jene gesund und jung halten, die damit gepeitscht werden. Darauf verweist auch der Name der geflochtenen Peitsche aus Weidenzweigen: „Pomlázka", abgeleitet von „pomladit", „verjüngen".
Am Ostermontag ziehen singende Jungen mit der Pomlázka umher und schlagen den Mädchen mit der Peitsche symbolisch auf die Beine. Die Mädchen belohnen die Jungen dafür – früher mit einem Osterei oder mit Süßigkeiten, heute mit Geld oder Pflaumenschnaps.
Einst haben die Jungen ihre Pomlázka selbst geflochten, doch diese Tradition ist kaum mehr verbreitet, denn man kann die Peitschen heute in vielen Geschäften kaufen.

Karlsbader Torte

1 Pck. Mandelpudding
½ l Milch
150 g Butter
100 g Puderzucker
100 g Mandeln, gerieben
1 Pck. Vanillezucker
1 EL Rum
5 Karlsbader Oblaten
100 g Mandelblättchen
kandierte Früchte

Den Pudding mit der Milch nach Packungsanleitung zubereiten und auf Zimmertemperatur abkühlen lassen.
Die weiche Butter und den Puderzucker in einer Schüssel schaumig rühren. Geriebene Mandeln, Vanillezucker und Rum unterrühren. Den Pudding unterheben.
Eine Oblate auf eine Tortenplatte legen und mit etwa 2 EL Creme gleichmäßig bestreichen. Darauf eine Oblate setzen und ebenfalls bestreichen. So weiterverfahren, bis alle Oblaten verbraucht sind. Die oberste Oblate nicht bestreichen.
Die Torte mit einem Teller beschweren und 2 Stunden kühl stellen.
Die Seiten und die Oberfläche der Torte mit der übrigen Creme bestreichen Die Mandelblättchen darüber verteilen und die Torte mit kandierten Früchten garnieren.

Bei der Zubereitung des Teiges muss man darauf achten, dass Pudding und Buttermasse die gleiche Temperatur haben, damit die Butter nicht gerinnt.
Die Torte schmeckt gut gekühlt am besten, deshalb sollte sie vor dem Verzehr in den Kühlschrank gestellt werden.

Prager Kirschtorte

- 1 Glas Sauerkirschen (Abtropfgewicht 350 g)
- 4 Eier
- 100 g Zucker
- 100 g Schokolade
- 200 g Margarine
- 1 Pck. Vanillezucker
- 80 g Puderzucker
- 125 g Haselnüsse, gerieben
- 125 g Mehl
- 1 Pck. Backpulver
- 1 TL Zimt
- 2 EL Rum
- 1 TL Butter

Die Kirschen in einem Sieb gut abtropfen lassen.
Die Eier trennen. Die Eiweiße mit dem Zucker zu steifem Schnee schlagen. Die Schokolade im heißen Wasserbad schmelzen.
Eigelbe und Margarine in einer Schüssel schaumig rühren. Vanillezucker und Puderzucker unterrühren. Die Schokolade und 100 g Haselnüsse unterheben. Mehl und Backpulver über den Teig sieben und mit dem Zimt und dem Rum unterheben. Den Eischnee nach und nach unterziehen. Die Kirschen zufügen und unterheben.
Eine Springform (24 cm Ø) mit der Butter einfetten und mit den übrigen Haselnüssen bestreuen.
Den Teig in die Form füllen und die Torte bei 180 °C im vorgeheizten Ofen etwa 50 Minuten backen.

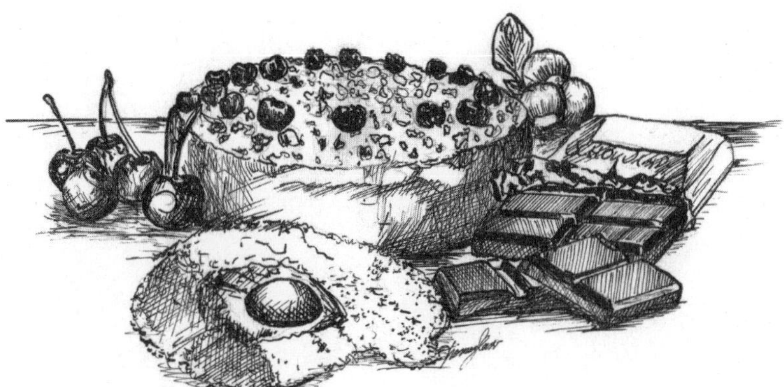

Register

Apfel-Karotten-Salat 68
Apfel-Walnuss-Kuchen 84
Apfelstrudel 76

Backknödel 55
Bandnudeln 59
Bierfleisch 23
Blumenkohl mit Rührei 64
Blumenkohlsuppe 12
Böhmische Knödel 53
Bublanina 83
Buchteln 73

Champignonomelett 20
Champignons mit Tatarsoße 62

Dalken 72

Eier in Mayonnaise, Gefüllte 18
Eier-Liwanzen 72
Erbsen mit Zwiebeln und Speck 64
Ertrunkene 19

Fasan 45
Fleckerl 59
Forelle, Gefüllte 50

Gänsebraten, Einfacher 40
Germknödel mit Powidlfüllung 57
Gewürzkuchen 85
Griebenplätzchen 21
Grießknödel 52
Gurkensalat 68

Hasenrücken 44
Hefekipferl 83
Hefe-Liwanzen 71
Honiglebkuchen 89
Hühnerbrüste mit Gemüsesoße 43

Kalbsleberragout 35
Kaninchenkeulen 45
Karlsbader Torte 92
Karpfen in schwarzer Soße 48
Karpfenfilets, Panierte 46
Kartoffelknödel 53
Kartoffel-Liwanzen 71
Kartoffelpüree 61
Kartoffelpuffer 60
Kartoffelsalat 60
Kartoffelstrudel 37
Kartoffelsuppe mit Waldpilzen 9
Kartoffel-Wurst-Gulasch 29
Knoblauchsuppe 9
Kohlrabigemüse 66
Kolatschen 81
Koteletts in Biersoße 27
Krautsalat 68

Kümmelfleisch 35
Kuttelsuppe 11

Lendenbraten 32
Linsen, Saure 17
Linseneintopf 37

Mehlspatzen 58
Milchsuppe mit Nudeln 13

Osterbrot 90
Osterfüllung 65

Palatschinken 73
Paprika mit Tomatensoße, Gefüllte 36
Paprikagulasch 25
Paprikahühnchen 42
Pilzfleckerl 20
Pofesen 74
Powidl 74
Powidlknödel 56
Powidlsoße 67
Prager Ente 39
Prager Kirschtorte 93
Prager Schinken im Brotteig 26
Pute, Gefüllte 40

Quark-Aprikosen-Knödel 55

Rahmküchlein 75
Reisauflauf 75
Rhabarber-Streusel-Kuchen 85
Rinderbraten 34
Rinderbrühe mit Leberknödel 10
Rinderrouladen 33
Rosinenknödel 56
Rumpsteaks in Knoblauchsoße 34

Sauerkraut 63
Sauerkrautgulasch 29
Sauerkrautsuppe 11
Schinkenfleckerl 28
Schneeküsschen 89
Schnitzel im Kartoffelbett 28
Schweinebraten 23
Schnitzel mit Senfpanade 27
Sellerie, Panierter 66
Selleriesuppe 12
Semmelauflauf 77
Serviettenknödel 54
Skubanken 61
Streuselteilchen 82
Surbraten 24

Tomatensoße 67
Topinky 17

Vanillekipferl 88

Weihnachtsstriezel 86
Wurstsalat 19

Zanderfilet in Dillsoße 51
Zwiebelpüree 62